DESAFIOS DA APRENDIZAGEM:
COMO AS NEUROCIÊNCIAS PODEM AJUDAR PAIS E PROFESSORES

PAPIRUS ◆ **DEBATES**

A coleção Papirus Debates foi criada em 2003 com o objetivo de trazer a você, leitor, os temas que pautam as discussões de nosso tempo, tanto na esfera individual como na coletiva. Por meio de diálogos propostos, registrados e depois convertidos em texto por nossa equipe, os livros desta coleção apresentam o ponto de vista e as reflexões dos principais pensadores da atualidade no Brasil, em leitura agradável e provocadora.

LINO DE MACEDO
RODRIGO AFFONSECA BRESSAN

DESAFIOS DA APRENDIZAGEM:
COMO AS NEUROCIÊNCIAS PODEM AJUDAR PAIS E PROFESSORES

Capa	Fernando Cornacchia
Coordenação	Ana Carolina Freitas
Transcrição	Nestor Tsu
Edição	Ana Carolina Freitas
Diagramação	DPG Editora
Revisão	Edimara Lisboa e Isabel Petronilha Costa

Dados Internacionais de Catalogação na Publicação (CIP)
(Câmara Brasileira do Livro, SP, Brasil)

Macedo, Lino de
  Desafios da aprendizagem: Como as neurociências podem ajudar pais e professores/Lino de Macedo, Rodrigo Bressan. – Campinas, SP: Papirus 7 Mares, 2016. – (Coleção Papirus Debates)

ISBN 978-85-61773-86-1

1. Bullying 2. Crianças – Dificuldade de aprendizagem 3. Educação – Finalidades e objetivos 4. Inclusão escolar 5. Neurociência 6. Pais e professores 7. Piaget, Jean, 1896-1980 – Psicologia I. Bressan, Rodrigo. II. Título. III. Série.

16-01639   CDD-370.15

Índice para catálogo sistemático:

1. Neurociências: Educação   370.15

1ª Edição – 2016
4ª Reimpressão – 2023
Livro impresso sob demanda – 60 exemplares

Proibida a reprodução total ou parcial da obra de acordo com a lei 9.610/98.
Editora afiliada à Associação Brasileira dos Direitos Reprográficos (ABDR).

A grafia deste livro está atualizada segundo o Acordo Ortográfico da Língua Portuguesa adotado no Brasil a partir de 2009.

DIREITOS RESERVADOS PARA A LÍNGUA PORTUGUESA:
© M.R. Cornacchia Editora Ltda. – Papirus 7 Mares
R. Barata Ribeiro, 79, sala 316 – CEP 13023-030 – Vila Itapura
Fone: (19) 3790-1300 – Campinas – São Paulo – Brasil
E-mail: editora@papirus.com.br – www.papirus.com.br

Se quiser ir rápido, vá sozinho.
Se quiser ir longe, vá acompanhado.
Provérbio africano

Sumário

O cérebro e a aprendizagem 9

Janelas de oportunidade 23

Aprendizagem socioemocional 37

Imigrantes para uma sociedade nova:
Nexos e reflexos das tecnologias 55

Saber dosar e otimizar a plasticidade cerebral 63

Bullying: O limite entre a brincadeira
e a doença 79

Educação em saúde mental... 95

Informar para prevenir.. 109

Glossário... 121

N.B. Na edição do texto foram incluídas notas explicativas no rodapé das páginas. Além disso, as palavras em **negrito** integram um **glossário** ao final do livro, com dados complementares sobre as pessoas citadas.

O cérebro e a aprendizagem

Lino de Macedo – Inicio a conversa propondo que a importância do tema das neurociências, da saúde mental, surge com força na escola com a política de educação inclusiva. Na escola anterior – elitista ou para poucos –, o aluno que não tivesse bom comportamento, nem aprendesse a matéria, seria excluído. Muitas crianças sequer tinham a oportunidade de frequentar a escola. Assim, problemas neurológicos ou de saúde mental eram pouco evidentes porque ou não apareciam (isto é, crianças com tais problemas não estavam lá) ou se apareciam eram resolvidos pela política da exclusão. Agora, como a escola deve manter e ensinar os alunos ao longo de sua educação básica, não importando sua condição comportamental, mental ou neurológica, esse problema – "o que fazer com isso?" – torna-se evidente. Mas, não sei o quanto nós, educadores, estamos habilitados para enfrentar a questão. O fato a ser reconhecido é que todos os alunos, hoje, têm direito à escola, e que alguns – ou muitos – podem precisar de suporte psiquiátrico, neurológico ou medicamentoso. Não se está sugerindo aqui uma conduta de normalização dos alunos, mas sim, o contrário, que se considerem suas diferenças e necessidades. Convenhamos, a escola, como instituição, é sofisticada e exigente tanto do ponto de vista acadêmico quanto do ponto de vista de sua vida social, e penso que guarda, na perspectiva daqueles que a representam, ainda muito do que pretendia ser, antes de se tornar para todos. Os alunos mudaram e cresceram em tamanho e complexidade; nós, talvez nem tanto.

Rodrigo Affonseca Bressan – A política de inclusão adotada pelo setor público atinge somente pessoas que têm uma patologia mais grave, tais como paralisia cerebral, retardo mental e autismo. A estratégia de inclusão pode ser um grande avanço na medida em que ajude os educadores e os alunos a aceitar os indivíduos que, devido a uma incapacitação mental, não atingem os elevados padrões exigidos nas escolas. Ela pode ser útil também para entendermos o funcionamento normal e aceitarmos com naturalidade problemas menos graves. Do ponto de vista epidemiológico, esses indivíduos mais graves, que estão sendo inseridos na escola, representam somente 0,5%. Quando falamos de transtornos mentais – transtorno do déficit de atenção e hiperatividade (TDAH), depressão, transtornos ansiosos –, esse número sobe para até 14%, o que é muito. Vale ressaltar, que esses diagnósticos não são mera variação da normalidade. Um transtorno de ansiedade não abrange simplesmente sintomas de ansiedade que todos nós apresentamos em diversos momentos da nossa vida; ele representa quadros clínicos em que o nível de ansiedade é tão alto que tem um impacto muito grande, prejudicando o desenvolvimento do aluno. Esses dados provêm de pesquisas científicas extremamente bem-conduzidas e replicadas no Brasil. A professora **Bacy Fleitlich-Bilyk** realizou um estudo[*] epidemiológico muito importante sobre a nossa realidade, e encontrou que aproximadamente um oitavo das crianças em idade escolar apresenta transtornos mentais diagnosticáveis. Com esse número em mente é esperado que, numa classe de 30 alunos, três ou quatro tenham um transtorno mental diagnosticável.

Macedo – O problema é que, para um professor focado no ensino de conteúdos, basta um aluno com os problemas que você menciona, Rodrigo, para que todo o clima "conceitual" da aula seja alterado. E o pior é que o professor nem sempre sabe o que fazer! Há de acrescentar ainda outras dificuldades. Algumas crianças têm limitação visual ou auditiva, e é a escola que deve observar isso, porque nem sempre a família pode fazê-lo por si mesma.

Do que conversamos até agora, extraio a seguinte conclusão: o problema da escola de hoje, inclusiva ou para todos, é o de possibilitar que todas as crianças e jovens, no limite de suas possibilidades, aprendam, o que implica considerar suas

---

[*] Bacy Fleitlich-Bilyk e Robert Goodman. "Prevalence of child and adolescent psychiatric disorders in southeast Brazil". *J. Am. Acad. Child Adolesc. Psychiatry*, v. 43, n. 6, jun., 2004, pp. 727-734.

condições orgânicas, sociais, cognitivas, emocionais e físicas. Por comparação, se o problema da escola de ontem era o de ensinar, o da atual é o do aprender em seu duplo sentido: cognitivo (aprender conceitos e operações) e socioemocional (aprender a conviver em um contexto institucional com regras e limites comportamentais). Se é assim, temos a questão: o que é aprender?

Piaget, autor que estudo há muitos anos, era um pesquisador e teórico da psicologia do desenvolvimento, que considerava o problema da aprendizagem na perspectiva da epistemologia (teoria do conhecimento) e da inteligência. Para ele, existem duas inteligências: uma geral e uma específica. A inteligência geral é a inteligência do ser vivo, com suas duas grandes questões: organização e adaptação. Organização porque somos parte de um todo e, ao mesmo tempo, um todo composto por suas partes, cujas relações precisam ser reguladas (e autorreguladas). Adaptação porque interagimos com o meio ambiente por processos de assimilação e acomodação. Há também uma inteligência específica, a que nos caracteriza como seres humanos, com estruturas e funções que nos diferenciam de outras espécies animais, de outros seres vivos. Essas inteligências estão presentes em cada indivíduo, via herança genética (ou dos pais) e via herança socioambiental (trocas com o meio), e são bases daquilo que, cada um de nós, um a um, vamos construindo como história de vida, leitura da experiência, e processos de aprendizagem e desenvolvimento.

Isso explica porque irmãos gêmeos univitelinos têm modos de comportamento diferentes, e formas de reação emocional e de aprendizado diferentes. Aprender, para Piaget, depende então desses aspectos e das funções e estruturas do desenvolvimento, e se caracteriza como aquisição: de informações, experiências, conhecimento, costumes, formas de comportamento etc. A aprendizagem está assim, duplamente condicionada: por aspectos internos e externos, de natureza social, cultural, afetiva, familiar, por meio dos quais a criança vai, pouco a pouco, se transformando no filho daquela família, no membro daquela sociedade. Somos o que somos e também o que nos tornamos nas interações com os outros e o mundo. Por exemplo, do ponto de vista racial, um indivíduo pode ser negro. Se ele for educado na China, torna-se um chinês de pele negra.

Bressan – Ele fica com a cabeça de chinês.

Macedo – Exatamente. Porque ele aprendeu a raciocinar, a pensar, a sentir de acordo com os costumes e as informações daquele país. A experiência toda é pautada por referências. Tomemos como exemplo um africano negro que seja adotado por uma família chinesa. Ele continua sendo negro, do ponto de vista racial. Ele não é da raça amarela, mas se torna um chinês. Podemos pensar o contrário também: um chinês que seja adotado por uma família africana, de raça negra, e que viva lá... O que eu quero dizer com isso? A aprendizagem tem muito de algo que ocorre de fora para dentro, que é pautado na referência do outro. Na visão de Piaget, a aprendizagem está associada ao que fazemos, ao exercício de nossos esquemas, de nossas ações. São os nossos modos de raciocinar que vão, pouco a pouco, definindo a aprendizagem.

Podemos pensar em três eixos ligados à aprendizagem. O ensino é o primeiro deles, isto é, aquilo que transmitimos para um outro, que aprendemos de um outro ou de uma cultura. O segundo eixo é o desenvolvimento. O desenvolvimento cognitivo, o desenvolvimento físico, o desenvolvimento neurológico etc. limitam as possibilidades e os recursos de aprendizagem. Limitam no sentido de que abrem possibilidades, mas também as fecham. Por exemplo, certos distúrbios, certas disfunções interferem no processo de aprendizagem porque trazem alguma limitação, como a visual ou a auditiva. Então, temos processos de desenvolvimento, ou seja, de crescimento, de estrutura, de complexidade orgânica em todos os sentidos do sujeito que abrem ou fecham possibilidades. Temos, portanto, uma aprendizagem mais vinculada ao ensino, uma aprendizagem mais ligada ao desenvolvimento, e o problema, que é o terceiro eixo, é como avaliamos, como combinamos todos esses fatores, incluindo aquele que aprende. Porque cada um faz sua própria leitura de mundo. Chamo de leitura, por estar relacionada à inteligência, *interlegere*. É o modo como agimos e reagimos em função das coisas. Por exemplo, operações cognitivas como o cálculo. Como aprendemos a somar, a subtrair, a multiplicar? Ou, então, como aprendemos a ler? Como aprendemos os costumes sociais, as práticas de higiene, os controles, a fazer xixi e cocô? Como aprendemos a nos relacionar com as pessoas? A lidar com os conflitos sociais? Enfim, tudo isso é aprendizagem. Mas são formas de aprendizagem que se referem a conteúdos diferentes e que supõem todo um trabalho do outro, do social, das pessoas. E também um trabalho do sujeito e seus recursos de transformar isso num domínio. Pois aprendizagem também está relacionada a domínio; é um patrimônio. Por exemplo, eu sei onde você, Rodrigo, trabalha, sei como é seu consultório, como ele está composto. E isso também é aprender.

Bressan – Esse olhar piagetiano é absolutamente fundamental, e representa um marco para todo o raciocínio de desenvolvimento – de desenvolvimento cognitivo somado às questões de desenvolvimento emocional. Penso que uma novidade quando falamos em neurociência é poder nos aproximar do que sabemos do desenvolvimento cerebral propriamente dito e como ele se relaciona com a teoria piagetiana. O cérebro é uma estrutura plástica, ou seja, moldável, que muda conforme a idade. No momento em que Piaget formula seu pensamento, ele o faz baseado na experiência e vem sendo confirmado pelos estudos da plasticidade cerebral. Em minha opinião, a percepção de que a teoria está diretamente ligada ao desenvolvimento cerebral ajuda as pessoas a entenderem o cérebro como um órgão físico, do mesmo modo que a mão, o coração e o fígado. Assim como a teoria piagetiana descrita por você, Lino, o cérebro é desenvolvido numa interação entre a nossa herança genética, que produz um órgão, e a interação desse órgão com o ambiente vai determinar como o cérebro vai ser em termos estruturais assim como funcional, ou seja, as habilidades cognitivas e emocionais. Toda essa interação se dá formulando capacidades, e cada uma dessas capacidades tem um substrato biológico, um substrato físico e funcional. Quando falamos de físico, não é algo necessariamente uma alteração macroscópica do cérebro, mas certamente é uma alteração microscópica neuronal que determina a formação de novas redes, ou vias de ativação cerebral, que nos possibilitam aprender alguma coisa. Então Lino, quando você fala de seu aprendizado sobre onde é o meu consultório, faz conexões novas tomando como base todas as suas habilidades preexistentes, o que permite a localização visuoespacial. Estamos sempre nos desenvolvendo e estruturando uma base neural que permite a nova aquisição de conhecimentos. Quanto mais sofisticada é a estrutura anterior, melhor será a capacidade de aprendizado. No seu exemplo, Lino, quanto maior for a sua capacidade visuoespacial e quanto mais você souber sobre o bairro onde estou, mais precisa será sua memória em relação à localização do meu consultório. Outro exemplo é o da aquisição de um novo idioma, "se eu já sei mais de uma língua, é mais fácil aprender outra", mesmo que o novo idioma seja bem diferente da minha língua materna, como o alemão e o chinês. Isso ocorre porque todos os mecanismos cerebrais associados ao aprendizado de um idioma estão treinados. Os fonemas são diferentes, mas a minha capacidade de aprendê-los está exercitada, pois o meu cérebro desenvolveu redes neurais eficientes para a busca por significados em relação aos novos fonemas e para o armazenamento desses significados. Além disso, o cérebro tem uma capacidade maior de utilizar tais fonemas conforme a necessidade do novo idioma.

Tentando complementar seu raciocínio, Lino, gosto de usar metáforas mais visuais para explicar a interação entre gene e ambiente. Por exemplo, a mão. Ela é produto da interação de genes do meu pai e da minha mãe que passam a ser únicos, porque ninguém mais tem essa interação, e isso permite que eu forme um projeto de mão. Com base nesse "projeto" traçado pelo meu genoma, a minha mão foi desenvolvida a partir da minha interação com o meu ambiente. Se eu fosse um jogador de tênis, a minha mão teria uma determinada conformação muscular desenvolvida juntamente com o meu cérebro que permite um controle da minha mão mais eficiente para realizar os movimentos do tênis. Eu saberia girar o pulso com mais potência e no momento correto para realizar golpes com *topspin*. No jogo de tênis, a coordenação da mão está associada à leitura dos golpes do adversário, da velocidade e da força de bola, além de ser mediada, por exemplo, pelas vivências emocionais resultantes da disputa. Portanto, um órgão tão simples como a mão é formado numa interação muito complexa. O órgão que coordena – ou medeia – essa formação é o cérebro, que está diretamente envolvido na formação da minha mão e também se desenvolve nesse processo. Não é uma relação causa-efeito, efeito-causa; ela se dá de forma dinâmica numa lógica dialética. A ação ocorre de maneira recíproca (mútua) e a reação está relacionada à ação, que é em si, a reação a uma ação anterior.

Macedo – Penso que um conceito muito importante relacionado ao que você disse, Rodrigo, é o de *interdependência*. Ele é diferente do conceito de causa, de relação causal, de estabelecer o que é primeiro, segundo, quem é mais importante do que quem. A interdependência tem três componentes: ela é irredutível, complementar e indissociável.

O que significa ser irredutível? O cérebro, por exemplo, é irredutível; é uma parte do sistema nervoso que não se confunde, não se reduz às outras. Mas, não é ele que pega um objeto, por exemplo; quem pega é a mão. Esta, do mesmo modo, não se reduz à bola, ou a um piano ou a um livro que se lê. O cérebro e a mão são partes irredutíveis de um todo, cada qual com sua singularidade, estrutura ou função.

Outro aspecto é o da complementaridade. Ou seja, o cérebro, para se desenvolver, precisa complementarmente de uma atividade – no caso da mão, manual, sensório-motora

– ligada a uma tarefa, a um interesse, a um problema, ou intencionalidade. Por exemplo, como posso ler se não tenho um livro? Ou se não enxergo? Portanto, complementaridade é aquilo que falta num sistema para que algo se complete. E muitas coisas faltam. A visão de complementaridade, de interação, é uma visão não reducionista.

A noção de indissociabilidade se contrapõe à de confusão ou mistura. Eu não posso confundir o funcionamento do cérebro, da mão, da raquete e da bola; tudo isso é indissociável, ou seja, são partes de um sistema funcionando ao mesmo tempo, sem que elas sejam confundidas, sem que se misturem. Ou seja, indissociável no sentido de que é um sistema interdependente. Por isso acho bom o conceito de interação de que você falou, Rodrigo, porque nos lembra de recusar a ideia de causalidade ou de uma dependência, como se houvesse uma causa única. Pois a aprendizagem é multideterminada, ela é multicausal – são muitos fatores que intervêm em seu favor.

Bressan – Acho que vale a pena pensar no sentido de um processo. A aprendizagem é multicausal e interdependente num processo ao longo do tempo. E penso que o exemplo da mão é interessante porque ele é mais físico e visual, mas é importante também pensar qual é o órgão que está diretamente ligado ao processo de aprendizagem. Além dos recursos básicos cerebrais relacionados à percepção (como a audição e a visão), à cognição (como a atenção e a memória), precisamos que o cérebro desenvolva recursos de processamento que, do ponto de vista cognitivo, chamamos de funções executivas. Somente agora, por meio do exame de ressonância funcional, é que conseguimos enxergar as áreas cerebrais que estão envolvidas, por exemplo, no processamento da memória. Então, é possível ver as relações que ocorrem entre redes neuronais no momento em que realizamos uma tarefa ligada à memória. Hoje, sabemos como os neurônios e as redes neuronais se modificam para armazenar uma informação, tanto do ponto de vista funcional como do ponto de vista estrutural. É aí que entra a tão falada plasticidade cerebral, ou seja, o nosso cérebro está a todo momento mudando a sua estrutura para melhorar a sua funcionalidade durante todo o processo de aprendizagem. Nos séculos XIX e XX, não se sabia como esses processos cerebrais ocorriam, o que, em minha opinião, teve um impacto importante na compreensão do que chamamos de "mente", um conceito fundamental no entendimento dos processos de aprendizagem. Aliás, essa é uma ideia que venho desenvolvendo e que gostaria de discutir com você aqui, Lino, pois, quando falamos em "mente", percebo que se faz uma confusão com o conceito de saúde mental. O que é "mente"? É difícil explicar. Na verdade, "mente" é um conceito filosófico, muito útil para definir algo que é formulado de um jeito complexo.

Macedo – Que é, ao mesmo tempo, corpo, cérebro, físico... tudo, enfim.

Bressan – Exatamente, ela é composta pelas mais diversas interfaces, desde memórias que o pai tem a seu respeito, passando pela sua bagagem emocional e chegando até o conteúdo do seu *tablet* ou celular. Nenhum dos fenômenos que estamos discutindo aqui está reduzido ao cérebro, mas, certamente, todos são processados por ele. Um dos mais renomados filósofos trabalhando nessa área, **Steven Pinker**, tem usado uma conceituação que me parece bastante útil. Ele define a mente como "aquilo que o cérebro faz". Portanto, quando trabalhamos com aprendizado, desenvolvimento de habilidades socioemocionais e saúde mental é preciso ter em mente as resultantes do processo, ou seja, os sentimentos e o comportamento. É claro que o desempenho escolar faz parte disso, e ele tem que ser entendido tanto da perspectiva da performance nas avaliações rotineiras quanto do ponto de vista do desempenho socioemocional.

Janelas de oportunidade

Bressan – Nós temos um substrato físico, o cérebro. Como ele é muito complexo, de modo geral as pessoas têm dificuldade em percebê-lo como um órgão, e isso traz consequências muito interessantes e úteis. Por esse raciocínio, devemos trabalhar o cérebro da mesma forma que cuidamos do coração. Se conversarmos com a pessoa mais simples da nossa sociedade contemporânea, ela vai dizer: "Não coma alimentos gordurosos pois vão fazer mal para o seu coração", "faça mais atividade física", "pare de fumar". Esses são conhecimentos da medicina que nos ajudaram muito a prevenir doenças cardiovasculares. Entendo que um de nossos papéis aqui é facilitar a compreensão do funcionamento cerebral, que nós definimos dessa forma complexa, mas que, como qualquer outro órgão, depende da saúde geral do corpo. Temos que cuidar dos aspectos físicos para que o cérebro se desenvolva de forma saudável. É tão importante se alimentar bem, ter um sono regular e restaurador e fazer atividade física, quanto uma educação de qualidade que permita um bom desenvolvimento cognitivo e socioemocional.

As principais faculdades atribuídas à mente são a percepção, o raciocínio, a emoção e as relações sociais. A forma como vemos o mundo, os nossos valores, a nossa espiritualidade também são atribuídos ao funcionamento mental. Quando tratamos dessas questões que nos fazem únicos e que definem a nossa individualidade, temos muita dificuldade de aceitar que isso é processado no cérebro. Tais processos são conhecidos como funções corticais superiores. As pessoas sabem que um evento maior pode afetar o cérebro, por exemplo "se alguém bater a cabeça pode ficar atrapalhado". Nessas situações, todos nós fazemos um raciocínio semelhante ao que ocorre com nosso coração após um infarto, que pode deixar sequelas. No entanto, quando pensamos em funções atribuídas à mente, tendemos a descolar esse conceito do cérebro e perder de vista a relação de interdependência descrita por você, Lino. Determinados traumatismos cranioencefálicos podem levar a mudanças na personalidade das pessoas que implicam na forma como um indivíduo sente, se emociona e vê o mundo, seus valores e desejos. O tempo inteiro, tanto o nosso coração quanto o nosso cérebro estão se formando e sendo formados, de modo dialético, pelo ambiente e pelas relações que temos com esse ambiente.

Macedo – Dialética para mim é sinal de interdependência. É interessante que não nos espanta pensar no aparelho digestório como responsável pelo processo de transformação do alimento em xixi, cocô e nutrientes. Mas temos dificuldade em entender o cérebro como o órgão físico correspondente a uma "digestão" das informações, do conhecimento e das sensações.

Bressan – Exatamente. As pessoas se espantam com esse processamento que é fundamental. E quando associam o desenvolvimento de uma habilidade cognitiva a uma conta matemática, por exemplo, fica ainda mais difícil entender que o cérebro processa toda a questão emocional.

O cérebro vai oferecendo, ao longo de seu desenvolvimento, janelas de oportunidade, que, num determinado momento, permitem enxergar e entender o espaço. O bebê organiza as imagens para reconhecer a face materna e o ambiente ao redor. Em diferentes fases do desenvolvimento, ele vai adquirindo habilidades fundamentais para a vida, incluindo a capacidade motora que permite andar, a capacidade de controle de esfíncteres e a aquisição da linguagem. Um exemplo de janela de oportunidade é o controle inibitório, que é desenvolvido a vida toda, mas tem uma grande relevância na adolescência.

O processo de maturação do cérebro ocorre de diferentes formas em suas diversas regiões. Na adolescência, as regiões subcorticais ligadas à busca por novidades e prazer estão altamente desenvolvidas e ativas, mas as áreas corticais relacionadas ao controle desses impulsos ainda não estão suficientemente maduras para controlar tais estímulos de forma eficiente. Nesse sentido, a neurociência dá um substrato para a educação de adolescentes, pois facilita o entendimento da tendência a atitudes imprudentes e tomadas de decisão precipitadas. Devemos, portanto, implementar métodos educacionais que vão além do cognitivo e incluam o desenvolvimento de habilidades socioemocionais. É fundamental ensinar sobre os fenômenos cerebrais próprios dessa fase para que os adolescentes possam reconhecer esse processo em si próprios e os riscos implicados nisso, ou seja, para que eles desenvolvam *self-awareness*, ou autopercepção. A partir disso, é possível desenvolver as funções executivas treinando estratégias de manejo das emoções e de planejamento que ajudem no autocontrole. É importante dizer que, exatamente em razão dessas transformações cerebrais, os adolescentes são mais vulneráveis ao uso inadequado de álcool e também de drogas.

As janelas de oportunidade, obviamente, têm uma cronologia parecida para a maior parte dos indivíduos, mas para alguns existe um atraso. Isso vale tanto para o controle do esfíncter quanto para as habilidades cognitivas e socioemocionais.

Macedo – Piaget não fala em janelas de oportunidade, mas em desenvolvimento ótimo. Para ele, toda criança necessita e tem direito ao ótimo de seu desenvolvimento. No processo de desenvolvimento, há momentos ótimos que, se perdidos, podem prejudicar ou criar defasagens. Você mencionou a adolescência, Rodrigo. Quero lembrar, também, a importância que hoje se dá, graças às neurociências, ao desenvolvimento do cérebro da criança nos primeiros anos de vida. Esse é um momento ótimo para desenvolver os componentes do que mais tarde se expressarão, como você disse, como funções corticais superiores. Dizer "ótimo" é considerar as crianças uma a uma e o melhor que elas podem dar e receber para se desenvolverem. Trata-se, então, de não pensar mais apenas em médias, ou em crianças normais ou não normais. Consideremos, por exemplo, uma criança com síndrome de Down, portanto portadora de uma limitação. Como oferecer a ela o ótimo de suas possibilidades de desenvolvimento, a que tem direito? Como intervir favorecendo o desenvolvimento de crianças ditas normais, mas que só expressam o mínimo de suas possibilidades, e ficam defasadas, prejudicadas, com dificuldades de aprender?

Bressan – Há crianças que aprendem a falar e a dominar a linguagem escrita mais tardiamente que outras, por exemplo, e é fundamental entender e acolher essa diversidade dentro da escola. Isso é um grande desafio, pois a escola é naturalmente uma instituição normatizadora, que busca trazer todos os alunos para um padrão. Acredito que este seja um dos desafios da escola, lidar com todos os perfis de indivíduos. Como ela vai ajudar no bom desenvolvimento dos alunos que têm um funcionamento dentro da normalidade, ou da média, mas também amparar aqueles que são ligeiramente desviantes ou que possuem um comprometimento maior? É um conflito contemporâneo, principalmente no Brasil, onde essa discussão surgiu mais recentemente.

Macedo – É que a escola, na verdade, pensa em termos de média. O aluno que se localiza fora dela, no extremo inferior da baixa autoestima, ou, então, no extremo superior da agilidade e da facilidade de compreensão, fica sem lugar. Até porque o professor tem cerca de 30 alunos por classe e lhe é difícil considerar em cada criança ou jovem as cinco formas de expressão propostas por **Brousseau:** ator objetivo, sujeito que atua, sujeito da aprendizagem, aluno genérico e sujeito universal.[*] Além disso, há os aspectos didáticos, a proposta curricular e o projeto pedagógico da escola a serem considerados.

Voltando ao que você comentou sobre a importância do cérebro para a aprendizagem escolar, Rodrigo, é fundamental considerar e favorecer o desenvolvimento dos componentes das funções executivas: memória de trabalho, controle inibitório e flexibilidade cognitiva. É com eles, e por meio deles, que

---

[*] A teoria das situações didáticas de Brousseau descreve cinco posições que os alunos podem assumir na aprendizagem em sala de aula, que variam de acordo com seu grau de interação: ator objetivo, quando o aluno é a pessoa real que atua diante de um problema; sujeito que atua, quando o aluno se identifica de forma concreta como ator objetivo da situação problematizada; sujeito da aprendizagem, quando o aluno concebe a ação e o meio como uma referência abstrata; aluno genérico, quando o aluno administra o problema como situação própria do processo de aprendizagem; sujeito universal, quando o aluno encara o problema didático como algo despersonalizado e descontextualizado. (N.E.)

o adolescente poderá enfrentar e superar os problemas que mencionou, ou seja, será capaz de julgar, tomar decisões e planejar de forma positiva para si mesmo, para seus pares e para a sociedade a que pertence. Poderá, igualmente, se preparar para a longa jornada que é ser adulto e contribuir significativamente para as muitas tarefas que se espera dele. O desafio e a importância do desenvolvimento dos componentes das funções executivas na criança pequena não são específicos dos indivíduos com transtornos graves; valem para todos.

Bressan – Concordo plenamente, o desenvolvimento das funções executivas é um desafio para todas as crianças, é um eixo fundamental do amadurecimento cognitivo.

Macedo – Emocional, social...

Bressan – Claro, as funções executivas têm um papel muito importante na modulação das emoções e na interação social dos indivíduos.

Macedo – A memória de trabalho refere-se a duas formações importantes: aprender a representar verbalmente objetos, ações, sentimentos, narrativas e, igualmente, aprender a compor imagens visuais, auditivas, táteis daquilo que antes, no primeiro ano de vida, só podia ser percebido pelos órgãos dos sentidos – olhos, nariz, boca, mãos, ouvidos. O controle inibitório, ou autocontrole, refere-se à capacidade de focar, concentrar-se, bem como estar atento aos diferentes aspectos que compõem uma situação. Refere-se também ao controle das emoções, ou seja, ao aprender a autorregular suas expressões, a autogoverná-las. A flexibilidade cognitiva diz respeito ao aprender a considerar as diferentes possibilidades de fazer algo, a entrar e a sair do fluxo dos acontecimentos. Graças a esse conjunto de componentes básicos das funções cognitivas podemos sustentar numa atividade os aspectos que vêm antes, durante e depois. Mas, nem sempre conseguimos isso. Por exemplo, minha médica dermatologista me disse para usar duas vezes o xampu ao lavar a cabeça. Se, no momento do banho, fico pensando em outras coisas, eu me pergunto se estou já na segunda ou ainda na primeira lavagem. E corro o risco de estar na terceira!

No ato da leitura, por exemplo, do ponto de vista físico, lemos palavra por palavra. A leitura é sucessiva, não há como ler cinco palavras ao mesmo tempo. Lemos palavra por palavra, e na sequência. Mas, para que haja compreensão, temos que interligar essas diferentes palavras que lemos em função de um objetivo, considerar as imagens que evocam, mudar de um ponto a outro, sensibilizar-se com o que o texto nos comunica, destacar os trechos principais. Sem a efetiva atuação dos componentes das funções executivas do cérebro isso não seria possível.

O comportamento inibitório está relacionado ao controle da impulsividade. Portanto, se o inimigo da flexibilidade cognitiva é a rigidez, e o da memória de trabalho, o foco, o do comportamento inibitório é o como você lida com a impulsividade, sobretudo, o que está ligado ao aspecto socioemocional da aprendizagem.

Bressan – Exatamente. Por exemplo, o indivíduo recebe uma tarefa: ele precisa ligar para a tia, avisar que a mãe dele está atrasada, e o número do telefone celular é tal. Trata-se de uma tarefa que parece simples e a grande maioria das pessoas tem capacidade de executá-la, mas do ponto de vista de processamento cerebral ela é relativamente complexa. O indivíduo entende o problema, entende a relação entre os parentes, a cronologia dos fatos, a intencionalidade da tarefa e sabe discar; ele possui uma base neural para execução. Portanto, em primeiro lugar, ele precisa ter atenção, se concentrar para receber a informação da tarefa, o que significa privilegiar a tarefa em relação a todas as coisas que estão acontecendo ao seu redor. Precisa entender que deve ligar para a tia, pois o problema é o atraso da mãe dele, e que o número do telefone tem o nove, o três, o cinco... Ele precisa de atenção para isso, caso contrário a função executiva não prossegue. As informações são mantidas na memória de trabalho, que permite que ele planeje as ações e as execute devidamente.

Imagine que acaba a bateria do telefone e ele precisa mudar a estratégia que havia planejado. Nesse novo processo de planejamento, as ideias vão surgindo, e o indivíduo tem que inibir aquelas que não interessam como, por exemplo, a ideia de que a tia vai se desencontrar da mãe e vai ficar chateada com ele. É preciso inibir uma série de informações que o cérebro está processando ao mesmo tempo – e o controle inibitório precisa ser ativado a todo momento para que o indivíduo faça um planejamento adequado. Além disso, ele precisa ter flexibilidade cognitiva, procurar um telefone fixo no local onde se encontra.

Na escola, por exemplo, o professor pode e deve contribuir para que o aluno, principalmente o adolescente, desenvolva um controle inibitório eficiente. O professor precisa entender que o aluno não se organiza porque não quer, mas por conta de características inerentes à adolescência. E à medida que fazemos o planejamento, vamos executando. Se realizamos uma tarefa impulsivamente, ela não fica tão bem executada no tempo que seria esperado. Além disso, acabamos perdendo o caminho para onde queremos chegar. Precisamos ter esse controle inibitório o tempo inteiro, para a execução final da tarefa.

Macedo – Esse é o exemplo de alguém que é bom gestor de um problema. De uma tarefa que vai até o seu desenlace final, que é o sucesso. Mas, tem mais. Outros componentes das funções executivas em sua expressão mais avançada são os que nos possibilitam julgar, tomar decisões e planejar nos termos em que se espera de um jovem e, principalmente, de um adulto comprometido com o melhor para si mesmo, os outros, a sociedade e o todo do qual faz parte. Nos termos em que se espera e que tornam possíveis a realização de projetos.

Bressan – Uma outra metáfora de gestor é a do maestro. Ele orquestra o processo de uma música, quando entram os violinos combinados com o sopro e a percussão etc.

Macedo – Ele equilibra e harmoniza os músicos, os instrumentos. Na escola, isso é muito importante, porque está ligado à vida social, à questão dos conflitos. E está relacionado também à aprendizagem de coisas difíceis. Se o aluno não tiver paciência, como ele aprende uma matéria difícil? Como ele aprende conteúdos que normalmente não usa, não pratica? Fica difícil, muito difícil. O professor tem uma função social, ensina coisas que o aluno não aprende em outro lugar, pelo menos não dessa forma sistematizada, formalizada, intencional, programada.

Bressan – Faço uma comparação à prática de atividades musculares. Se alguém pratica piano, ele aprende piano. O que acontece é que as áreas do cérebro que são usadas para tocar piano são ampliadas e ficam mais eficientes. Acho bonito este exemplo: existe uma forma de mapear a atividade elétrica cerebral relacionada à contração de determinados grupos musculares. Pesquisa foi realizada com uma pessoa portadora de deficiência visual e que era tradutora de braile, portanto alguém com uma destreza muito grande em ler através dos dedos. Ao mapear a área cerebral responsável pelo movimento do músculo adutor do indicador os pesquisadores perceberam que ela era bastante grande. Eles traçaram medidas dessa área específica ao longo de vários meses, sucessivamente. Num determinado momento, notaram que essa área havia diminuído e perguntaram à leitora de braile: "Houve alguma mudança na sua rotina?", ao que ela respondeu: "Eu fiquei um mês de férias". Como o cérebro não estava sendo exercitado para aquela tarefa específica, ele se ocupou com outras atividades. Como todos nós sabemos, esse é um fenômeno comum na educação, quando o aluno volta de férias.

Meu filho está com sete anos, e tem reclamado que a letra dele piorou depois das férias. Com crianças dessa idade, o treinamento ainda é muito importante para a execução da letra. Nós, quando ficamos sem escrever, voltamos a uma letra parecida. Mas e uma criança que está no período de alfabetização? Uma criança exigente fica frustrada com a piora da escrita: "Puxa vida, andei para trás". Ocorre a mesma coisa com alguém que lê braile. Se ele está praticando determinada atividade, tem áreas altamente funcionais ligadas àquela tarefa. O aprendizado está ligado ao exercício de todas essas etapas do funcionamento executivo.

Todas as pessoas e, principalmente, os educadores sabem que o primeiro desafio a ser enfrentado é o componente atencional. O que o professor precisa fazer quando dá aula?

Ele não pode simplesmente reproduzir um modelo, ele precisa direcionar a atenção dos alunos para o conteúdo apresentado. Esse componente de busca da atenção é fundamental para que o professor exerça a sua função. Um professor com essa habilidade tem, de modo geral, um desempenho melhor em relação ao grupo de alunos, mas a criança não pode ser dependente desse professor, porque ela vai enfrentar diferentes desafios fora do ambiente educacional que devem requisitar alto nível atencional para estímulos não tão interessantes. Todos nós já ouvimos um aluno falando: "Eu não aprendo nada na aula daquele professor pois é muito chata". É fato que nem todos os professores tem o mesmo talento para conseguir a atenção dos alunos, mas como é possível superar isso? A neurociência pode contribuir para o desenvolvimento dessa habilidade, de modo que o professor não dependa somente de seu talento, entendendo qual o alcance de cada aluno e programando atividades específicas que vão além da aula tradicional.

Aprendizagem socioemocional

Bressan – Existe um pensamento, muito propagado pela autoajuda, de que não usamos toda a capacidade de nosso cérebro. Para a neurociência, essa ideia não corresponde ao real funcionamento cerebral. Penso que se trata de um desserviço para a compreensão de nossas potencialidades, pois gera uma falsa onipotência – "o cérebro pode tudo, é só uma questão de desenvolvê-lo". É verdade que o cérebro tem grande potencial de desenvolvimento. Podemos, por exemplo, desenvolver habilidades tais como ser um pianista, um atleta ou um pedagogo. No entanto, é necessário dedicar bastante tempo para o desenvolvimento dessas habilidades em alto padrão. O nosso tempo é limitado e as atividades competem entre si. Portanto, é muito difícil, para não dizer quase impossível, ser um concertista internacional, um atleta de ponta e um intelectual da educação como você, Lino, ao mesmo tempo. É verdade que temos uma grande plasticidade, quando o nosso cérebro está dedicado integralmente a uma determinada atividade há um recrutamento de muitas regiões cerebrais para o desenvolvimento daquela tarefa. Isso fica claro no exemplo do leitor de braile. Por ser cego de nascença, suas áreas do córtex visual primário (região occipital) não processam imagens e passam a exercer funções completamente diferentes. Essas áreas da visão passam a processar estímulos táteis que são altamente relevantes para a tarefa de leitura de braile.[*] Como disse antes, quando ele esteve de férias, houve uma perda de eficiência na leitura e uma redução das áreas cerebrais ligadas a ela. No entanto, essas regiões não ficaram em repouso; elas foram exercitadas em atividades realizadas nas férias, permitindo o desenvolvimento de habilidades sociais, emocionais, ligadas ao prazer – todas muito importantes.

Macedo – O cérebro gosta dessa diversidade, que é fundamental para ele. Isso se chama plasticidade cerebral.

Bressan – Exatamente. Hoje, questiona-se se o cérebro está "atrofiando", pois os aparatos eletrônicos estão realizando muitas tarefas por nós. Até alguns anos atrás, era muito importante decorar números de telefone para poupar o tempo de consultá-los na agenda. Essa habilidade era fundamental para aquele momento, mas atualmente ela não é mais necessária. Muitas pessoas criticam isso, mas, a meu ver, poupar o cérebro dessa tarefa (memória de longo prazo) não é ruim, pois o libera para a realização de outras atividades. Vale lembrar que nosso cérebro é limitado, e todas as tarefas competem entre si por uso de nosso sistema de processamento. De toda forma, mesmo nos dias de hoje, é fundamental ter

---

[*] Norihiro Sadato *et al.* "Activation of the primary visual cortex by braille reading in blind subjects". *Nature*, v. 380, n. 6.574, abr., 1996, pp. 526-528.

uma memória de trabalho afiada para resolver os problemas mais triviais de nossa vida, como no exemplo que discutimos antes, do indivíduo que precisava decorar o número de telefone para ligar para a tia. Concordo que existe uma perda, mas por outro lado ela permite novos ganhos que são ainda mais importantes para nós.

Com as novas facilidades eletrônicas e todos os aplicativos que temos, hoje não precisamos desenvolver a memória visuoespacial, pois em vez de pensar, somos guiados. Quando eu era jovem, saber se localizar em São Paulo era fundamental. Eu era o rei do caminho, me achava o máximo. Tenho essa habilidade, sei onde está o Leste, o Sul, o Oeste e tendo a me perder menos. Se eu fosse navegador, seria muito mais importante saber tudo isso. Agora, com os aplicativos de navegação e trânsito, como o *Waze*, essa habilidade não tem muita utilidade, pois não é necessário entender a cidade em sua totalidade. A distância e o tempo de um lugar a outro são calculados pelo aplicativo, e sou informado de quando devo virar à esquerda ou à direita. Vou apenas obedecendo às instruções. E o que acontece com a minha função visuoespacial? Esse sistema, "atrofia", entre aspas, mas isso tem um ponto positivo, porque ficamos bastante eficientes sem precisarmos desse desenvolvimento. Alguém pode me dizer: "Ah, mas você não desenvolve o cérebro em todo o seu potencial". Não do ponto de vista visuoespacial, no entanto permito que meu cérebro se desenvolva em outras áreas, por exemplo resolver problemas dos meus pacientes enquanto estou em trânsito.

Macedo – Você abre um espaço e um tempo para outros desenvolvimentos. A esse respeito, **Levitin**, em seu livro *A mente organizada*,* mostra a importância de pouparmos o cérebro em uma era sobrecarregada de informações, transferindo para o papel ou para a máquina tudo aquilo que não precisa mais ficar sob a "responsabilidade" do cérebro. Com isso, possibilitamos que o cérebo esteja disponível e criativo para tudo aquilo que ainda não pode ser registrado fora dele.

Bressan – Lino, você viu *Lucy*, filme que é protagonizado pela Scarlett Johansson?

Macedo – Vi, é muito bom..

Bressan – Sim, mas ele me incomodou profundamente porque é baseado na fantasia de que podemos usar muito mais o nosso cérebro. A história gira em torno de uma droga que vai expandindo a capacidade de uso do cérebro, até o momento que ele começa a dominar tudo. Eu acho essa fantasia bonita, poética, mas ela é muito ruim e perigosa para a compreensão do funcionamento do nosso cérebro. As pessoas têm uma visão onipotente de que é possível adquirir, conhecer tudo, e isso

---

* Daniel J. Levitin. *A mente organizada: Como pensar com clareza na era da sobrecarga da informação*. Rio de Janeiro: Objetiva, 2014.

não é verdade. Lógico, se pouparmos a função visuoespacial, por exemplo, poderemos lidar com outras atividades.

Fiz um acordo com meu filho, por motivos disciplinares, de que ele leia por uma hora antes de jogar bola e ver televisão. Aí ele me perguntou: "Pode ser vinte minutos? Trinta minutos? Quarenta?". Essa negociação ele aprendeu em casa, mas neste momento estou irredutível, porque acho importante que meu filho desenvolva a capacidade de concentração, e ele precisa fazer isso sozinho. Não acho que todo mundo deva fazer o mesmo, mas conhecendo o perfil do meu filho, desenvolver essa habilidade vai ajudá-lo a caminhar melhor ao longo da vida.

Macedo – Penso que sua atitude é muito construtiva. Mais tarde, certamente seu filho será grato a você. Uma das qualidades do cérebro, como já conversamos, é a de realizar funções executivas. Dentre elas, está o autocontrole. Só que o autocontrole se desenvolve pouco a pouco, e requer ajuda externa. Esta pode se expressar de muitos modos, mas em síntese possibilita que a criança vá aprendendo a ser maestro de si mesma, a ter *self-government*. Quanto ao uso de aparelhos eletrônicos e medicamentos, por exemplo, não sei se estamos sendo uma boa referência para as crianças. Ficamos muito tempo usando aparelhos e exageramos nos medicamentos. O problema é que tudo é uma questão de quantidade e de qualidade. Temos hoje aplicativos maravilhosos, e outros que não valem nada, que são prejudiciais. Mas, mesmo o melhor dos aplicativos, dos programas, pode provocar estresse se o sujeito se dedicar àquilo o tempo inteiro, dia e noite, pois gera uma superestimulação que faz com que ele se esqueça de outras atividades ou deixe coisas de lado. E como equilibrar a dosagem, a quantidade? No caso do seu filho, Rodrigo, foi feita uma negociação. Você não proibiu, mas pôs uma condição. Ao aceitá-la, penso que seu filho poderá ter uma experiência do valor de colocar limites e respeitá-los. Você não propôs trocar uma coisa por outra, mas de fazer as duas segundo certo critério. Gosto disso, até porque ler é bom, mas não se aplica a qualquer leitura, isto é, até para isso temos de ponderar qualidade e quantidade! Às vezes, costumava dizer para meus orientandos: "Você está lendo demais! É preciso escrever!". Outras vezes, dizia: "Você está escrevendo demais! É preciso ler, estudar!". É muito importante aprender a distribuir as atividades de que gostamos, ou que nos fazem bem.

Bressan – E não ler o tempo inteiro, pois é preciso ter uma vida relacional, desenvolver outras habilidades. O que você está falando, Lino, também implica nas estratégias de educação.

Todos nós sabemos que as crianças têm diferentes talentos. E esses talentos, de modo geral, estão associados a uma eficiência diferenciada do funcionamento cerebral daquele indivíduo. Se o sujeito tem, por exemplo, um talento matemático muito desenvolvido, é bastante comum que a habilidade social e de interação dele possua menos recursos. Ele pode pensar: "*O.k.*, vou ser matemático. E não vou ter muitas relações sociais, vou estar focado, passar doze horas por dia estudando". Mas isso significa que ele vai hipertrofiar seus talentos, o que pode causar um déficit em várias outras áreas de sua vida. Isso é bom ou ruim? Nós sempre premiamos os destaques em alguma modalidade. O jogador de basquete excepcional, o corredor, o violinista... eles são excepcionais em algo específico. Mas será que são bons o suficiente na vida relacional? É bastante comum ver pessoas muito boas em determinada tarefa, mas com grandes dificuldades em sua vida interpessoal. E nós atribuímos isso à tensão, às dificuldades de sua profissão. Mas, frequentemente, elas não têm aquela habilidade desenvolvida. Então, deixam de ir para a balada, de viajar com os amigos, de conviver com a família – atividades que ajudam a desenvolver funções cerebrais que são fundamentais para a vida. Em minha opinião, esse balanço tem que ser pensado de uma forma não valorativa, isto é, sem que haja certo ou errado. Aproveitar os talentos é importante, mas fortalecer as vulnerabilidades também. Tomando o exemplo do meu filho, ele é muito bom do ponto de vista relacional, da capacidade de negociação, tem muitas habilidades esportivas. Mas a capacidade de concentração dele precisa ser desenvolvida, e é isso que estou buscando ao determinar um período de tempo para que ele pratique a leitura. Se ele não desenvolver essa habilidade, terá dificuldades no atual ambiente escolar.

Macedo – Para mim, o desafio de todos nós – das crianças e, sobretudo, dos mais velhos – é como coordenar prioridades. Se a prioridade de uma pessoa é a matemática, ótimo. Mas ela tem outras prioridades também. Tem de cuidar do corpo, comer, dormir, tomar banho, ir ao banheiro, enfim. Existe a prioridade de atender às necessidades físicas em algum grau, isto é, o sujeito em prioridade social. Mesmo que alguém seja recluso, há sempre alguma pessoa, algum vínculo social de que ele precisa cuidar. Por exemplo, um pai está doente. Como o filho, nessa situação, coordena suas prioridades profissionais com as de cuidar dele, visitá-lo? Porque prioridade não significa exclusividade. E se ficamos exclusivos, perdemos algo que é impossível ser exclusivo. Pois a vida não é exclusiva; ela tem preferências, mas é inclusiva. O conhecimento tem preferências, mas ele não pode ser exclusivo. Em algum momento, será necessário comer, dormir, senão o indivíduo morre. Este é o grande desafio: como coordenar prioridades. E, inclusive, como colaborar com o cérebro para isso, o que, novamente, está ligado à atenção, aos valores, às escolhas, ao planejamento. E as prioridades são muitas! Algumas pessoas têm mais, outras menos, mas ninguém tem uma só prioridade. É impossível.

Bressan – E se optarmos por uma única prioridade, ficaremos fragilizado para as outras. Necessariamente. Daí vem esse raciocínio de que o cérebro está trabalhando sempre para aquilo que estamos lidando. Portanto, se estamos desenvolvendo só uma faculdade, de forma exclusiva, deixamos de desenvolver outras.

Macedo – O cérebro fica sem espaço e tempo para as outras partes ou funções. E ele precisa regular as relações entre as partes e das partes com o todo.

Bressan – Ele fica sem espaço e tempo para o resto das coisas. Por isso, é fundamental desenvolver o controle emocional. Porque tudo que estamos falando do ponto de vista cognitivo sempre é negociado com aspectos emocionais.

Macedo – Sem dúvida. Considerar os aspectos emocionais é fundamental para o cérebro bem como para nossas relações com as pessoas e as coisas. Coordenar prioridades é saber esperar, suportar o adiamento de satisfações que não podem ser imediatas, que precisam de um tempo para acontecer. Julgar, tomar decisões, planejar são funções executivas do cérebro que requerem controle emocional, que implicam certo domínio da impulsividade, de adiar conclusões ou preferências e analisar números, consequências, possibilidades, antecipar e pré-corrigir erros, saber que ganhos implicam perdas, que não é possível escolher ou querer tudo.

Bressan – O aluno que está na escola aprendendo a ler e a escrever, o tempo todo ele negocia com aspectos emocionais. Por exemplo, o garoto quer jogar bola, e o professor passa os últimos vinte minutos da aula falando de um mesmo assunto monótono. A cabeça da criança já está no futebol! E ela precisa lidar com a euforia, pois está antecipando as emoções ligadas ao jogo.

Macedo – Ela já não está mais na aula.

Bressan – Exatamente. Vejo que, dentro dessa orquestração de que estamos falando ao discutir funções executivas, as emoções têm um papel fundamental. Por exemplo, quando uma criança que está fazendo um cálculo na sala de aula é cutucada nas costas por um colega, ela precisa controlar qualquer impulso agressivo e manter o foco no estudo. Dentro do processo cognitivo-executivo, nós estamos sistematicamente negociando aspectos emocionais. Quando alguém foca algo específico, como tocar piano, desenvolve habilidades musicais, manuais e emocionais ligadas à música, mas não habilidades relacionais. Se pensarmos na educação das crianças em sua totalidade, os aspectos socioemocionais são fundamentais para a formação dos indivíduos. Notamos, porém, que na educação brasileira, principalmente a pública, esses aspectos são negligenciados. Em nossas pesquisas, quando perguntávamos aos professores sobre como eles desenvolvem habilidades socioemocionais nos alunos, a grande maioria não tinha uma resposta. E o interessante é que eles fazem isso diariamente, sem perceber! O professor chega na hora, ajuda as crianças a voltarem a atenção para ele, muda o tom de voz, consegue conter a raiva quando um aluno o provoca, consegue lidar com uma situação de tensão usando do humor – que é uma habilidade fundamental de ser desenvolvida em momentos de conflito –, e faz tudo isso sem a noção de que está trabalhando os aspectos socioemocionais dos alunos. Se dermos um pouco de informação para esse professor, ele vai ajudar ainda mais no desenvolvimento de seus alunos. Os aspectos socioemocionais são fundamentais para o desenvolvimento cognitivo e para a vida fora da escola ou da universidade.

Macedo – Penso que esse é um problema para os professores, de modo geral, e também para os pais. O professor é especialista numa disciplina, ou é, por exemplo, um alfabetizador. Ele é associado, portanto, àquilo que ensina, que transmite. Ele não é professor de habilidades emocionais, da mesma forma que um pai não é professor de emoção. O que quero dizer com isso é que pais e professores têm o domínio de um certo aspecto. O sujeito pode ser um especialista, alguém que tenha compromissos sociais de fazer bem alguma coisa, mas, apesar de não ser professor de emoção, o modo como ele reage às crianças faz diferença. Ele não deve se reduzir a uma especialidade cognitiva, a um domínio de conteúdo, esquecendo os aspectos socioemocionais, essa outra face da moeda que também é vital, ainda que não tenha feito Faculdade de Psicologia, que não seja um psiquiatra – mesmo os profissionais dessas áreas têm problemas. Existem diferentes modos de expressar raiva, chateação, e o professor precisa desenvolver essa habilidade, reconhecendo que ela é necessária numa escola que hoje é para todas as crianças. Essa questão é fundamental, hoje, na escola. Temos agora um duplo compromisso: ensinar conteúdos disciplinares e, ao mesmo tempo e com o mesmo valor, eu diria, ensinar formas de convivência institucional. Aí entra a questão da aprendizagem socioemocional. Do aprender a conviver em um contexto de regras, em que há limites de espaço e tempo, em que certas coisas não podem ser feitas nesse lugar ou nessa hora, que a colaboração, o respeito mútuo, a responsabilidade, o manejo das emoções são condições fundamentais para viver e conviver juntos tantos anos. Digo manejo das emoções, porque não se trata de inibir ou conter a raiva, por exemplo, mas de aprender modos e modos de expressá-la e de, ao fazer isso, não destruir as pessoas, não prejudicar a si mesmo. Há muitas e melhores formas de dizer "não", de dizer que não gosta ou que se sentiu incomodado. Um contexto em que aspectos socioemocionais estão muito presentes é o das brincadeiras na escola. Precisamos aprender a brincar, e fazer isso de um modo que não ofenda, nem humilhe os outros.

Bressan – Eu coordeno um projeto chamado Cuca Legal, que faz parte do Departamento de Psiquiatria da Unifesp e trata exatamente disso que você está falando, Lino. Ele tem dois aspectos: um é de educação sobre saúde mental e transtornos mentais; o outro é de desenvolvimento socioemocional. Nesse projeto, já realizamos vários trabalhos, inclusive em escolas públicas, acerca do desenvolvimento socioemocional dos professores. Um exemplo típico, e dos mais potentes, é conversar com eles sobre temas – usamos uma técnica de roda de conversa – como a raiva. Não a raiva manifestada pelo aluno, mas o ciclo da raiva que eles passam. Os professores trazem elementos para nós, que são depois processados em grupo. E o mais interessante é que eles não são professores de psicologia ou de qualquer área afim. Pois todos nós como indivíduos, e não somente os psicólogos e psiquiatras, temos que lidar com esse sentimento. Os professores começam, então, a entender e a processar a raiva que sentem. Não se trata de ensinar aos professores como agir em sala de aula. Quando pedimos que eles avaliem nosso treinamento – se gostaram ou não, o que absorveram –, o retorno é impressionante, eles se referem a mudanças que correspondem exatamente aos elementos fundamentais de educação socioemocional.

O primeiro deles, que em inglês chama *self-awareness*, é a *autopercepção*. No caso da raiva, reconhecer essa emoção em si mesmo em vez de atribui-la aos outros é fundamental. Com isso, o indivíduo consegue olhar para fora de si e perceber que não é o único que está com raiva, que outras pessoas também podem estar sentindo o mesmo; ele passa a ter uma *percepção social* (*social-awareness*). A partir da percepção sobre a sua inserção no grupo social, ele pode desenvolver novas *habilidades de relacionamento* (*relationship skills*). Consegue pensar que ele possa estar gerando raiva nas pessoas, e se gritar vai provocar ainda mais raiva. E, a partir desse reconhecimento, passa a fazer *self-management*, que é gerir a si próprio, *autogestão*. Dessa forma, o indivíduo consegue realizar uma *tomada de decisão responsável* (*responsible decision making*).

No programa Cuca Legal trabalhamos tanto com emoções primárias, tais como raiva, medo, tristeza e emoções positivas (alegria/contentamento), como com o desenvolvimento de habilidades de comunicação (escuta ativa, comunicação ativa e construtiva), assertividade e tomada de decisão/resolução de problemas.

Macedo – Maravilha! Não conhecia esse seu programa. Penso que faz muito bem ao professor e ao seu trabalho docente aprender a observar, a analisar e a refletir sobre esse sentimento tão forte e tantas vezes despertado na aula. Aprender a manejar as emoções, saber calcular os efeitos positivos ou negativos que elas podem ter sobre nós e os outros, aprender a conviver e a regular suas expressões são domínios fundamentais para nós que vivemos em sociedade, que compartilhamos a vida na cidade com todas as suas dificuldades e características.

Bressan – Exatamente. O professor precisa facilitar que a criança, por menor que ela seja, comece a entender o processamento da raiva, e existem estratégias para isso. Vou exemplificar de forma simples: para o menino, bem pequeno, de cinco ou seis anos, que está com muita raiva e tem tendência a explodir, ensina-se que ele precisa sinalizar como está se sentindo por meio de um semáforo desenhado numa cartolina na sala de aula. Nessas situações, ele é instruído a assinalar se está no verde, amarelo ou vermelho. Quando levanta e vai até o sinal e mostra que está no vermelho, ele pratica o controle de impulso (explosão de raiva) e desenvolve a percepção do seu estado emocional. Tais estratégias são simples e de fácil implementação, mas só funcionam quando praticadas sistematicamente. Estratégias desse tipo possibilitam que as habilidades socioemocionais sejam desenvolvidas na prática. Temos realizado esse trabalho com escolas de realidade bem difícil, que atendem populações de alta vulnerabilidade social, com alunos que possuem uma demanda delicada. Em relação a nossa intervenção, os professores nos dizem: "Agora entendemos aqueles alunos"; "Parei de voltar para casa rouco de tanto gritar"; "Agora passamos a ter prazer em dar aula"; "Não tenho pedido mais licença para não dar aula". Porque o nível de estresse de todos os professores, mas especialmente daquele que trabalha em escolas públicas de regiões conturbadas, é muito alto. No momento que o ajudamos a lidar com essa dificuldade, esse professor passa a ter uma nova habilidade, e ele passa a ter mais prazer em seu trabalho.

Uma novidade é que a Secretaria da Educação do Estado de São Paulo está incluindo a educação socioemocional no currículo do Programa Ensino Integral (PEI). O projeto Cuca Legal está diretamente envolvido na implementação dessa inovação, trabalhando aspectos socioemocionais dos professores para que eles possam, do mesmo modo, desenvolver essas questões com seus alunos.

Macedo – Julgo essas iniciativas muito importantes. Por exemplo, li dois textos,[*] sobre o problema socioemocional

---

[*] Marianne Bertrand e Jessica Pan. "The trouble with boys: Social influences and the gender gap in disruptive behavior". *National Bureau of Economic Research*, n. 17.541, out., 2011. [Disponível na internet: http://www.nber.org/papers/w17541.] David Autor *et al.* "Family disadvantage and the gender gap in behavioral and educational outcomes". *Institute for Policy Research*, Northwestern University, out., 2015. [Disponível na internet: http://www.ipr.northwestern.edu/publications/papers/2015/ipr-wp-15-16.html.]

dos meninos, hoje. Na família e na escola não se tem dado muita atenção, ou pelo menos não a atenção suficiente, às diferenças entre meninos e meninas, nem ao problema da falta de modelos masculinos para eles nessas duas instituições tão fundamentais para sua vida.

Imigrantes para uma sociedade nova:
Nexos e reflexos das tecnologias

Bressan – Lino, você acha que, neste momento atual do mundo, é fundamental que o ensino inclua a tecnologia?

Macedo – Acho que sim, mas depende de como ela será usada. Nossa sociedade é tecnológica, e a tecnologia nada mais é que a expressão do conhecimento científico na prática. Por exemplo, médicos e engenheiros, na prática, são beneficiários do conhecimento científico transformado em máquinas, aparelhos, novos materiais ou medicamentos. A pesquisa e a produção de remédios são científicas e tecnológicas. O mesmo vale para os meios e recursos de comunicação cada vez mais sofisticados e poderosos. O problema é que temos de considerar a questão dos valores. Vale a pena? É para o meu bem e para o bem de todos ou não? Temos tecnologia para matar, destruir o mundo, mas para salvá-lo também – pelo menos até certo ponto. A expectativa de vida aumentou, a taxa de mortalidade infantil hoje é bem pequena. Isso é uma maravilha. Quem é contra? Agora, é preciso considerar as consequências...

Por exemplo, sou favorável ao uso de celular em sala de aula. O celular, você sabe, Rodrigo, tem cada vez mais funções. O que me chama atenção é o seguinte: as crianças, desde cedo, veem os pais usando *smartphone, tablet*, computador o dia inteiro. Elas veem os pais tomando remédios e mais remédios, para isto e para aquilo. Ou assistindo à televisão. Portanto, em minha opinião, ser contra a tecnologia é desrespeitar o fato de que nós, adultos, a usamos o tempo todo. E o modo como o fazemos pode ser, para as crianças, um bom ou mau exemplo de que a tecnologia é uma ferramenta fundamental na nossa vida. Hoje, as *lan houses* já não atingem um público tão grande quanto antes porque mesmo as pessoas economicamente mais pobres têm computador e conexão *wi-fi* em casa. Isto é, todos nós temos acesso à tecnologia, e esse é o problema.

A Sociedade Americana de Pediatria não aconselha o uso de *tablet* por crianças com menos de dois anos, existe toda uma discussão sobre o quando, como e quanto permitir que as crianças utilizem brinquedos eletrônicos. É importante também considerarmos as razões para isso. Por exemplo, por que se desaconselha o uso de *tablets, smartphones* por crianças pequenas? Pelo fato de que elas necessitam, para seu desenvolvimento, de experiências sensório-motoras completas, e essas tecnologias são parciais quanto a isso. Um *tablet* não tem cheiro, e apresenta imagens de objetos e movimentos em uma perspectiva bidimensional. Mesmo que ele simule objetos tridimensionais com volume, forma etc., ele é bidimensional. Também não tem paladar. E nós temos cinco órgãos sensoriais – ou seis, dependendo do ponto de vista. Dois deles, o ver e o ouvir, são órgãos de distância, e são os mais recorrentes nas relações com as máquinas, além do tocar – mas um tocar diferente do ato motor de pegar, apertar, puxar etc. Por exemplo, o ar aproxima a informação auditiva para que possamos escutar. Vemos uma pessoa de longe, desde que haja luz. Os outros três sentidos – o paladar, o olfato e, principalmente, o tato – exigem proximidade ao objeto. Ou seja, para sentir o gosto de um alimento, eu preciso lambê-lo. Se introduzimos a tecnologia precocemente e, sobretudo, se ela é usada de forma muito única, exclusiva, sem que haja estímulo ao mundo sensório-motor, isso pode limitar a criança de certas oportunidades que são fundamentais. Por isso, não se recomenda a substituição de um tipo de experiência por outra. Além disso, existe o eterno problema da quantidade e da qualidade. O que ver e ouvir? Quanto tempo gastar nessas atividades? Acrescento também que os pais, de modo geral, ficam em uma posição de deixar ou não deixar. Talvez, fosse melhor que eles compartilhassem a experiência com a criança.

Bressan – Você acha que somos medrosos demais em relação às novas tecnologias?

Macedo – Gosto de uma metáfora que diz que somos imigrantes para uma sociedade nova. Nós, adultos, somos os imigrantes e as crianças, as nativas. Elas pertencem a este mundo tecnológico, fato que precisamos reconhecer, porque às vezes fazemos críticas na perspectiva de uma pessoa antiga. Temos medo do desconhecido e, para ao mais jovens, esse desconhecido é parte integrante de seu ambiente. Eu, por exemplo, conheci televisão quando estava com dez anos, em 1954 – conheci no sentido de ver, não de ser um usuário. Morava numa cidadezinha do interior que não tinha televisão. Hoje, as crianças praticamente nascem dentro de uma tela. Acho também que há certa contradição entre nós. Os adultos podem usar tecnologias eletrônicas ou digitais porque o fazem em um contexto de trabalho, porque compreendem o que estão fazendo, porque, mesmo quando brincam com aplicativos, isso é resultado de uma decisão ou julgamento. Já as crianças estão brincando, o que é sentido muitas vezes como perda de tempo e algo ameaçador para seu desenvolvimento.

Bressan – Vale para o computador também.

Macedo – O que eu quero dizer com isso? Para uma criança, o lugar desses objetos é muito diferente daquele que eles ocupam para nós. Por exemplo, o professor pode ser um grande usuário dessas tecnologias em casa. Ele tem celular, computador, acessa o Facebook... Mas em classe, muitas vezes, enxerga essas ferramentas apenas como inimigas. Ele acha que atrapalham a aula, não sabe como integrá-las ao conteúdo, fica resistente. É interessante porque ele, como pessoa, é um usuário. Ele vê televisão, vê filmes. Mas, como profissional, não sabe de que maneira incluir a tecnologia.

Bressan – Isso que você está explicando, Lino, para mim faz muito sentido. É difícil um imigrante ensinar a língua para um nativo. Não é uma metáfora boa essa? O professor deve ficar inseguro.

Macedo – Exatamente. Porque as crianças não precisam de escola para mexer na ferramenta, a não ser para se aprimorarem. É o caso da fotografia. O maior adversário hoje de um fotógrafo, além das máquinas fotográficas não profissionais cada vez mais sofisticadas, são as crianças. Portanto, para se tornar um fotógrafo, é preciso que o sujeito seja realmente bom, pois os concorrentes são muitos.

Bressan – Sem fazer julgamento de valor, vejo que existe uma mudança em curso. O risco é de nós, como imigrantes, sermos muito conservadores e não aceitarmos as novidades – o que é uma posição anacrônica porque se trata de um avanço inexorável.

Macedo – Ou de sermos, pelo contrário, ingênuos, pois "é só para o bem...".

Bressan – Faço uma comparação com a indústria de alimentos que traz uma grande contribuição para a sociedade ao incorporar nutrientes e vitaminas aos alimentos, mas tem um outro lado... Ela fabrica produtos para que as pessoas consumam mais. Toda a tecnologia embutida nela é para induzir à compulsão, criar necessidades. Toda a tecnologia utilizada no desenvolvimento de uma bolacha, por exemplo, faz com que a gente queira comer mais de uma, além de nossa satisfação. Os elementos que estão ali – o doce, ou o salgado, o crocante – não são úteis para nosso organismo. Desse modo, se por um lado a tecnologia é útil porque aumenta a disponibilidade de alimentos a um preço mais acessível, por outro ela visa o lucro, e nos empurra para um consumo maior. Percebo que agora as pessoas estão mais conscientes disso. Aliás, o mesmo acontece com o cigarro. O tabaco era usado de uma forma completamente diferente antes de ser apropriado pela indústria.

Macedo – Aí entra, como disse, a questão da qualidade, de qualificar algo. Você sabe, Rodrigo, quais são os programas mais produzidos, mais vendidos e consumidos no mundo do ponto de vista da tecnologia? Jogos. É uma loucura isso.

Bressan – E nós temos uma bagagem que pode contribuir com essas novas tecnologias de forma que elas sejam mais úteis. Qual o problema que vejo nos jogos eletrônicos? Em minha opinião, eles são iguais a uma batata frita vendida no mercado: queremos sempre mais, por isso fazemos um uso abusivo com frequência. É muito mais fácil ficar viciado em batata frita do que comer batata cozida em casa.

Macedo – Sim, pois cozinhar a batata em casa demanda todo um processo.

Bressan – A batata cozida talvez tenha menos óleo, por isso ela fica menos atraente para o paladar. Penso que se direcionarmos os jogos eletrônicos para o desenvolvimento do controle emocional, das habilidades visuoespaciais, eles podem ser muito úteis. Se tivermos menos preconceito, poderemos tentar influenciar a produção desses jogos para que eles não sejam simplesmente voltados para o consumo, mas para que ajudem na formação das crianças. Do mesmo modo que a indústria pode desenvolver uma batata frita que tenha um maior valor nutricional, que seja menos calórica e possua vitaminas, fibras, e traga satisfação. Considero fundamental que façamos esse tipo de raciocínio.

Macedo – Como você dizia anteriormente, Rodrigo, graças à tecnologia, podemos poupar nossa memória de sobrecargas de informação ou do ter que lembrar de informações fundamentais. Não precisamos mais decorar números de telefone, porque basta clicar numa tela para termos essa informação. Portanto, podemos reservar a memória para tarefas mais interessantes, mais importantes, nesse sentido maior, do que guardar informações. Podemos e devemos usar a memória para outras atividades. A questão que se coloca, retomando o que já falamos, é a dosagem. A criança pode usar computador? Sim. Mas por quantas horas? Hoje é muito comum que o jovem permaneça diante do computador até desmaiar na cama, de madrugada. Poucas horas depois, acorda sonolento para ir à a escola, assistir à aula. Como equilibrar a quantidade e a qualidade do uso da tecnologia é um problema de sabedoria, enfim.

Saber dosar e otimizar
a plasticidade cerebral

Macedo – Graças à capacidade simuladora da máquina, hoje temos brinquedos muito mais sofisticados do ponto de vista tecnológico. Um adolescente pode simular força e potência por meio de personagens em um jogo de RPG, por exemplo. Mas existe uma diferença entre brincar, brincadeira, brinquedo e brincalhão.

Brincar é ação, atividade física, simbólica, ou imaginativa. É atividade lúdica, enfim. Posso brincar com uma bola, ou no computador por meio de um programa. Já o brinquedo é objeto. Uma bola é um brinquedo; com ela, faço brincadeiras. A bola possibilita várias brincadeiras, dependendo de como ela é apropriada por cada cultura. Bola não é só futebol. Então, tenho o brinquedo e as brincadeiras que faço com ele. O baralho é outro exemplo. Um conjunto de cartas permite uma porção de jogos diferentes usando o mesmo brinquedo, o mesmo objeto. E o brincalhão é a pessoa que brinca. Explico isso, porque o problema da brincadeira na máquina é que ela é, ao mesmo tempo, brinquedo e brincadeira. O aplicativo é um brinquedo tecnológico, digital. Mas é um brinquedo que propõe brincadeiras. A bola não propõe brincadeiras. Pensando em outros objetos clássicos, tradicionais, uma boneca também não. É a criança e seus amigos quem inventam, quem simulam a brincadeira com a boneca, quem propõem a brincadeira com a bola. O problema se coloca quando o objeto é que propõe brincadeiras – e brincadeiras muito interessantes, bem pensadas. A criança se torna passiva. Se antes era quem inventava as brincadeiras, agora apenas reage a elas.

Bressan – Chutar uma bola, por exemplo, é diferente de apertar um botão para mover o pé. Em casa, meus filhos têm o jogo de *videogame* da Fifa, que não é o mesmo que jogar bola. Ele é apenas uma referência ao ato de jogar futebol.

Macedo – Jogos e brincadeiras sempre foram meus temas de estudo. Apesar disso, devo confessar que prefiro brincar com jogos no computador porque, assim, posso me concentrar neles e evitar a problemática social e cultural dos jogos. Digo isso porque, em sua natureza, jogos são sistemas que implicam outras pessoas, um contexto, um antes, durante e depois, ganhar ou perder de alguém, compartilhar regras em comum, consentir. Por exemplo, convido um amigo para jogar e aí comemos uma *pizza*. Antes, preciso convencê-lo a conseguir um horário na agenda dele para nos encontrarmos. Enfim, existe todo um social que é gostoso mas que supõe um trabalho, um gasto.

Bressan – E você vai competir com outro ser humano, o que é muito diferente de competir com o computador, porque a máquina o isenta dos conflitos que possam existir em relação ao amigo.

Macedo – Exatamente. Posso pensar que meu amigo é melhor do que eu, mais jovem, mais forte, mais bonito. Por isso faço essa diferenciação. Por exemplo, um jogo de xadrez no computador. Na verdade, a pessoa joga contra um programa que foi desenvolvido por alguém, mas na hora do jogo, ele não está presente. É certo que esse programador previu níveis de jogo, isto é, jogo para iniciantes, para pessoas de nível médio ou avançado. Podemos, então, escolher o nível do jogo conforme nosso nível de desempenho. Um programa que sempre ganha, perde seus eventuais adversários; daí a importância que hoje adquirem os jogos *on-line*. Por esse recurso, pode-se jogar com e contra pessoas, aliás muitas ao mesmo tempo.

Bressan – Dependendo do nível que você estabelecer lá.

Macedo – Mas, além desse problema sociocultural dos jogos, podemos voltar ao que já comentamos sobre as diferenças entre o ato motor de jogar ou mover uma peça e fazer isso no teclado ou com o *mouse*. Qual é o preço disso para o cérebro? Qual é o preço que a criança paga em seu processo de desenvolvimento se ela perde oportunidades porque há ofertas muito mais interessantes, muito mais ricas, que ganham de seus recursos pessoais? Posso fazer uma comparação com a escrita. O que a mão faz quando escreve manualmente?

Quando digito, é diferente? Para escrever seu nome, Rodrigo, há todo um sistema. Escrever a letra "R" graficamente não é o mesmo que clicar a tecla correspondente ao "R". Para digitar, nós também usamos a mão, o dedo, mas reconhecer a letra como "R" e estabelecer a associação entre essa letra e o clicar é diferente de escrever. Voltando ao que falei anteriormente dos órgãos de distância e de proximidade, é como se trocássemos uma habilidade motora, manual, que usa o corpo, por algo perceptivo, no sentido de ver e digitar. Mas hoje, de fato, a escrita no computador está cada vez mais utilizada. E as crianças digitam numa velocidade assustadora!

Li um livro muito interessante chamado *A polegarzinha*, no qual o autor, **Michel Serres**, da Academia Francesa, trata dessa nova geração, que trabalha só com o polegar. Pensando no desenvolvimento da criança, temos uma substituição que não é igual.

Bressan – Ela é completamente diferente, do ponto de vista do processamento cerebral. O que o "R" significa não é só o tato e o apertar, mas uma localização visuoespacial, que não se limita a um desenho. Tudo isso envolve a perda da habilidade motora para grafar o "R" e o desenvolvimento de uma forma diferente de processamento da linguagem.

Macedo – Quando a criança deixa de inventar brincadeiras com a bola ou com a boneca, quando deixa de fazer essas brincadeiras com outras crianças, há uma mudança também do problema socioemocional – pois é diferente brincar com crianças e objetos concretos – e, igualmente, como você disse, uma mudança nos gestos, no contexto e na forma de fazer a atividade lúdica. Isso aponta para o problema da substituição, porque, ainda que o jogo seja o mesmo, não é mais a mesma coisa. Por isso pergunto, Rodrigo, como você entende isso do ponto de vista da substituição, das perdas e dos ganhos?

Bressan – Acho interessante começar pelo raciocínio do diferente. Brincar com uma nova tecnologia não é o mesmo que brincar com uma tecnologia antiga. Uma bola também é tecnologia, mas uma tecnologia diferente do graveto, da árvore ou da pedra. A bola é uma tecnologia que permitiu uma infinidade de outras tecnologias.

Macedo – É verdade e muito interessante isso que você diz. De fato, em todos os casos temos uma tecnologia, mas uma diferente da outra. Eu, por exemplo, brincava com limão ou laranja e pedacinhos de pau para construir uma vaca ou um bezerro.

Bressan – O nível de criatividade que se pode ter com uma bola, muito além do futebol, é inimaginável. É possível jogar frescobol, em que duas pessoas estão ali para se ajudar; ou um jogo em que exista disputa, como o vôlei. Essa tecnologia foi incorporada e nós, que já a conhecemos e sabemos a consequência da introdução da bola em nossa sociedade, dizemos que isso é bom. Entretanto, se uma criança apenas joga bola e não estuda, é ruim. A bola tem o lado bom, altamente reconhecido, mas nós sabemos que a criança que só pensa em futebol não vai bem na escola. Portanto, em decorrência do uso exagerado, a bola passa a ser algo ruim. Como costumamos agir em relação a novidades? As pessoas mais velhas, de modo geral, tendem a ser conservadoras. Mas o problema não é a bola, para voltar ao exemplo, mas sim o uso que fazemos dela e dessa nova linguagem que é o futebol no computador.

Agora que os meus filhos estão sendo alfabetizados, alguns pais me trouxeram a questão que é óbvia, mas sobre a qual eu ainda não havia pensado: "Será que as crianças precisam aprender a escrever graficamente, com o lápis?". Essa é uma pergunta para a qual eu, sinceramente, não tenho resposta.

Macedo – Certa vez, li no jornal uma matéria sobre a importância de primeiro a criança aprender a escrever de forma manuscrita e só depois ir para a escrita digital. Não sei por quanto tempo essa ordem será necessária. Além disso, há crianças que, com as mãos, não podem escrever, mas o teclado as permite fazer isso.

Bressan – Como falamos, apertar a tecla "R" é muito diferente de escrever "R". Mas o formato da letra "R" não se perdeu.

Macedo – A imagem visual do objeto não se perdeu.

Bressan – Por outro lado, o ato motor, e não só a leitura ou a compreensão, determina a linguagem também. Portanto, certamente, o cérebro de quem passa mais da metade do tempo digitando fica diferente do que o daquele que escreve. E uma criança que praticamente só digita, que é o caso dos meus filhos, está desenvolvendo escrita, mas não do mesmo modo como seus pais fizeram. A minha letra é pior que a dos meus pais porque antes só havia escrita. Eu digito infinitamente melhor, mas, na minha prática no consultório, ainda escrevo, o que para mim representa um problema. Só que eu faço parte de um grupo de transição, portanto, estou desenvolvendo novas áreas cerebrais. Isso é bom ou ruim? Não sei. Mas o que eu sei é que, como a bola, teremos aspectos positivos e negativos.

Penso que podemos nos habituar com a tecnologia e ser mais eficientes. Por exemplo, com o *Waze*, tenho menos problemas de localização do que usando meu planejamento visuoespacial. Se tenho uma agenda, sou mais eficiente do ponto de vista de memorização e organização dos meus compromissos, mas gasto recursos cerebrais para isso. Outro dia, eu perdi – perdi ou fui roubado, não sei direito – meu celular em Amsterdã, numa conferência. E, de repente, me senti nu: "O que vou fazer agora? Como vou lidar com o mundo? Como vou me comunicar com a minha família, como vou chegar ao Centro de Conferências, como vou localizar o meu voo?". Percebo que estou dependente daquela tecnologia. Sem ela, e se eu não tiver outras habilidades desenvolvidas, como vou escrever ou deixar um recado para alguém? Concordo com você, Lino, quando diz que não podemos nos apoiar somente no visual, apenas saber em que posição do teclado está a letra "R". Do ponto de vista cerebral, quanto mais faculdades complementares alguém tenha em relação a um estímulo, que é o "R", por exemplo, melhor ele fica apreendido no cérebro.

A título de exemplo, vamos supor que uma criança esteja aprendendo o que são óculos. Ela recebe uma definição técnica que explica que os óculos têm duas hastes, uma moldura e duas lentes que ajudam a enxergar. Ela viu um ator com óculos num filme de televisão; lembra que o pai, quando fez 40 anos, comprou óculos. Ela lembra que o avô está sempre procurando seus óculos para ler o jornal. Toda essa gama de informações reforça muito mais o conceito de óculos no cérebro da criança do que a definição descritiva que ela havia aprendido. Quanto mais informações tiver a respeito, quanto mais relações a criança fizer com essa palavra, o conceito de óculos fica mais bem gravado.

Macedo – Ela forma uma rede de conceitos, ideias e experiências. Passa a ter um repertório mais rico, enfim.

Bressan – Muito mais estruturado. Vivi isso quando estava aprendendo anatomia. Eu lia sobre anatomia descritiva, entendia o conteúdo, ficava imaginando como era na prática. Mas no momento que colocava a mão no músculo em si, tinha um aprendizado muito maior, que não pode ser comparado somente ao teórico. O aprendizado foi ainda maior quando aprendi sobre lesões e vi uma paciente sofrendo de estiramento daquele músculo. Foram aprendizados complementares. Portanto, vejo que existe uma perda e também uma progressiva dependência da tecnologia. Por exemplo, para reservar um voo, uso meu celular, mas preciso de uma rede de internet; se não tiver uma, terei que encontrar algum lugar com conexão *wi-fi*.

A pergunta que faço a você, Lino, é o que vê como um dos principais problemas ligados às novas tecnologias?

Macedo – Penso que é o aspecto socioemocional.

Bressan – É nesse ponto que eu queria chegar. Tenho um exemplo físico, vivido – aprendemos muito com criança pequena. Meus filhos gostam, como boa parte das crianças, de jogos de guerra. Minha esposa e eu tomamos a decisão de não permitir esse tipo de jogo em casa, mas eles acabam tendo acesso a isso quando visitam amigos. Eles também adoram brincar de atirar um no outro com uma arma de bolinha de plástico.

Presenciei duas experiências diferentes com garotos fanáticos por jogos eletrônicos de guerra, mas que brincavam pela primeira vez com essa arma de bolinha. O que aconteceu? Eles não conseguiram desfrutar da experiência, ficaram totalmente paralisados de medo. Quando a criança está brincando com o jogo no computador, ela sente medo de que alguém mate seu personagem e desenvolve estratégias emocionais para lidar com isso e avançar no jogo. Agora, no momento que ela vai para uma experiência social do brincar, da brincadeira, é algo bem diferente, pois existe interação, e receber o tiro de bolinha dói na pele – mesmo sob supervisão, apesar de não haver grandes riscos, o tiro sempre acaba machucando um pouco. O desafio fica maior, pois a criança tem que lidar com a dor física e pensar que pode causar o mesmo nos seus colegas. É tranquilo ser cruel e matar o avatar do seu oponente, mas na brincadeira real tudo é muito mais complexo, pois você vai gerar dor no seu amigo. É a mesma dor que você sente ao levar o tiro, portanto a empatia é maior e o conflito emocional também. O garoto que é acostumado com o *videogame* precisa, então, elaborar uma nova estratégia, pois está jogando num campo diferente. Penso que as crianças têm deixado de desenvolver esse aspecto que, em minha opinião, é muito importante.

Macedo – E isso pode ser motivo de *bullying* depois, você sabe. Porque essa criança – vamos dizer, especializada em uma única forma de brincar, que é a digital – está pouco preparada para a convivência escolar, que implica muitas outras formas de interação e que supõe uma regulação quanto às regras de relação entre pares, respeito mútuo e, também, coragem para se defender ou enfrentar situações ou brincadeiras desagradáveis. É triste observar aquele menino ótimo para aprender, mas pobre de recursos relacionais. É triste observar, igualmente, seu colega, não tão ótimo para aprender, mas que se aproveita dele, toma-lhe o sanduíche, come um pedaço e joga o resto no chão, dá risada imaginando-se "o grande" diante dos outros presentes na situação.

Bressan – O que a criança está negociando na vida real da arma de brinquedo, por mais simples que seja? A raiva, o medo, a competição, que são elementos fundamentais para a vida. O se proteger, o se afastar ou se aproximar... O recuar em decorrência do medo, ou porque é razoável fazer um planejamento...

Macedo – Medir as forças, calculá-las em termos do outro...

Bressan – Exatamente. O que a criança desenvolve simulando a guerra na brincadeira real e no computador é completamente diferente. A habilidade visuoespacial que o computador proporciona é muito importante, vários estudos já mostram isso. Mas é uma habilidade visuoespacial de *videogame*, diferente daquela do mundo real, físico. Hoje, os médicos começam a operar por meio de aparelhos; estamos começando a fazer guerras usando *drones*. Portanto, alguém que controle bem essa linguagem vai fazer uma guerra muito melhor do que eu ou você, Lino. Uma guerra possível, vamos dizer assim.

Macedo – Isso me faz lembrar o que li certa vez sobre *videogame* e laparoscopia.* A matéria contava que, nos Estados Unidos, quando um médico vai fazer um curso de laparoscopia, ele passa por um teste de *videogame*. Se for reprovado, tem que treinar 30 horas com o *videogame*. E por quê? Porque há uma equivalência nos procedimentos motores e de leitura dos conteúdos, ainda que sejam situações totalmente diferentes. Isto é, o médico, como no *videogame*, tem de ser preciso, rápido e aprender a ver com os olhos da televisão – um olhar indireto. Por exemplo, Rodrigo, você e eu estamos sentados em posição oposta. Se nós dois levantarmos nossa mão direita o que se observa é que sua mão está em posição contrária a minha.

Bressan – Se eu levanto a mão direita e peço a alguém, de frente para mim, que faça o mesmo, ele tende a levantar a mão esquerda.

Macedo – Exatamente. Por que a minha mão direita é o contrário da sua mão, Rodrigo? Porque estamos de frente um

---

* Técnica menos invasiva de cirurgia. (N.E.)

para o outro. Se estivéssemos na mesma perspectiva, nossa mão estaria do mesmo lado. O laparoscopista precisa, então, olhar na perspectiva do aparelho, porque ele opera com a ajuda de uma televisão e de um *joystick*. Ele tem que ver com os olhos da televisão e agir com rapidez e precisão. Atuar, portanto, dessa forma inversa com as exigências de habilidade e competência, tanto no *videogame* como na videolaparoscopia, é algo que requer treinamento e capacidade de pensar e tomar decisão diferentes de nosso modo atual de percepção que é direto, dos olhos em relação aos objetos, sem uma mediação como a possibilitada pela televisão.

Bressan – A televisão pede o desenvolvimento de novas habilidades.

Macedo – Mas se o indivíduo aprender a ver apenas com olhos inversos, vamos dizer assim, ele deixa de desenvolver outras habilidades. Na verdade, é tudo uma questão de equilíbrio, de bom senso, de saber ponderar os ganhos e as perdas. E também de saber compensar uma forma com outra. E isso – gerenciar o bom senso – vale para nós, mais velhos, adultos, educadores e pais. Mas, ter bom senso nem sempre é "gostoso".

Bressan – Exatamente. A criança quer jogar *videogame* porque é gostoso. Cabe a nós, adultos, promover o equilíbrio:

ela pode jogar *videogame* desde que faça uma atividade de concentração.

Macedo – É importante negociar, dar limites, senão a criança perde habilidades. Se os pais não fazem isso, eles ficam permissivos; perdem uma oportunidade educacional, na verdade.

Bressan – Tudo que estamos falando sobre adaptação cerebral e desenvolvimento, trata-se de um termo que mencionamos antes, a plasticidade cerebral. Significa o estabelecimento e o fortalecimento de novas vias cerebrais. Nosso cérebro é mais plástico na infância e menos plástico conforme envelhecemos, e as janelas de oportunidade, para usarmos essa expressão que considero útil, estão relacionadas à plasticidade de cada fase do desenvolvimento. Aprender algo com sete anos é muito diferente do que com quinze, e mais ainda do que com trinta. Hoje, na fase em que estou do meu desenvolvimento, coordeno com eficiência a linguagem, mas não tenho a mesma habilidade de aprender um novo idioma que possuía aos cinco anos. E a plasticidade que estamos discutindo não ocorre somente com as funções cognitivas, mas também com as funções socioemocionais. Qual é a consequência das novas tecnologias para o cérebro humano? Como elas impactam o desenvolvimento das habilidades socioemocionais? Ninguém sabe ao certo. Mas sabemos, com certeza, que o desenvolvimento cerebral das novas gerações é diferente. A nossa escrita vai atrofiar? Seremos incapazes de ler **Machado de Assis**? Os médicos que operam por laparoscopia terão uma relação pior com os pacientes do que os antigos cirurgiões? Vamos ser mais cruéis quando as guerras forem feitas por meio de *drones*?

Bullying: O limite entre a brincadeira e a doença

Bressan – As tecnologias atuais incluíram um novo modo de sociabilidade, como podemos observar com o Twitter, o Facebook, o Instagram. Elas também são muito úteis, da mesma forma que, por exemplo, os *sites* de encontro numa sociedade altamente urbanizada como a nossa. Neles, é possível conhecer pessoas que normalmente não encontraríamos em nosso meio social. Mas o código é outro, as habilidades para lidar com essas ferramentas são diferentes.

Macedo – O amigo do Facebook é diferente do amigo "concreto", "de carne e osso". Mas, como em qualquer relação, podem haver conflitos, os mesmos ou outros. De novo, temos os problemas de como diferenciar e integrar, de como não substituir, mas enriquecer ou transformar possibilidades de comunicação.

Bressan – Exatamente. As redes sociais emprestam a palavra "amigo" para um tipo de relação que é uma relação de Facebook. Nós escolhemos quem vamos deixar entrar, o quanto teremos de intimidade com aquela pessoa... E algumas escolas já começam a educar as crianças para entenderem o que é intimidade em rede social. Usando analogias da vida cotidiana, essas escolas procuram mostrar aos alunos como evitar a superexposição na internet que vem acontecendo com a publicação de fotos e vídeos muitos pessoais ou comentários totalmente inapropriados. Por exemplo, por acaso alguém colocaria em frente de casa uma placa com algum maldizer? Quando alguém publica uma informação íntima no Facebook, de certa maneira, é como se estivesse colocando um *outdoor* em frente de casa.

Macedo – Ou seja, a intimidade é outra. O que é compartilhável nesse sistema? O que é compartilhado? E compartilhado de que jeito? Se em uma relação "presencial" não temos controle de muitos aspectos que lhe dão vida e sentido, na relação virtual essa falta de controle pode ser maior ainda. Por outro lado, ela nos abre possibilidades nunca antes imaginadas.

Bressan – Numa relação interpessoal, já sabemos quando uma pessoa nos permite ser mais íntimo dela. Se vejo alguém olhando para mim de forma mais séria, eu me contenho mais. Se encontro uma pessoa que se abre mais, fico mais à vontade. Mas se escrevo nas minhas redes sociais um palavrão ou algum maldizer, aquilo vai ser visto por todos, seja quem eu gosto mais, seja quem gosto menos, quem tem ciúmes ou inveja... A repercussão é muito diferente e exige uma nova habilidade. Eu sou uma pessoa que começou a usar o Facebook muito tarde, e tenho bem pouca prática. Preciso a todo momento perguntar para os meus pares, para os meus filhos, qual é o código, porque não o conheço. É um novo código, o que é interessante. Sou um imigrante nessa nova tecnologia, e os nativos são meus filhos. Eles tiveram contato com o Instagram, por exemplo, desde o surgimento desse aplicativo. Claro que tentamos educá-los – principalmente a minha mulher, que entende mais dessas ferramentas do que eu – para que saibam usar a internet de uma forma que não se exponham e que não fiquem vulneráveis.

Macedo – É uma aprendizagem social que supõe uma vida comum, mas de outro jeito.

Bressan – É uma nova plasticidade – de novo usando esse termo – para um desafio novo.

Macedo – É uma mediação diferente.

Bressan – Faço parte do time de pesquisadores que integram o Instituto Nacional de Psiquiatria do Desenvolvimento, um projeto financiado pelo Conselho Nacional de Desenvolvimento Científico e Tecnológico (CNPq) juntamente com a Fundação de Amparo à Pesquisa do estado de São Paulo (Fapesp). Como parte desse projeto, estudamos o desenvolvimento normal de crianças e o desenvolvimento desviante. Há três anos, nós avaliamos crianças da região de Porto Alegre e São Paulo, e estamos fazendo um acompanhamento. No início da pesquisa, elas tinham entre 6 e

12 anos; hoje estão com 9 a 15. As entrevistas com as crianças e com os pais foram bastante detalhadas e incluíram aspectos comportamentais, cognitivos, emocionais e biológicos. Pouco menos de um terço dessas crianças passaram por exames de ressonância magnética para avaliar as mudanças estruturais que ocorrem no cérebro ao longo do desenvolvimento, assim como as mudanças funcionais. Uma das vertentes da pesquisa é entender o que acontece no cérebro quando adquirimos a capacidade de leitura entre 6 e 7 anos. Pesquisamos também o que acontece com o cérebro das crianças que não conseguem ler na hora esperada. Nós conseguimos medir espessura, volume da estrutura e conectividade. Neste momento, estamos concluindo a reavaliação dessas crianças. Observamos como o cérebro muda, e também a conectividade funcional, isto é, como cada uma das áreas cerebrais se relaciona com as outras. Nós já temos várias das principais vias cerebrais mapeadas, mas ainda não está claro como elas se desenvolvem de acordo com a idade. O nosso desafio é relacionar talentos e dificuldades ao funcionamento cerebral. Nesta fase atual do estudo, além de transtornos do comportamento e aquisições normais, passamos a investigar como o cérebro reage ao uso de internet, computador e redes sociais. Poderemos avaliar como essas novas tecnologias influenciam o funcionamento cerebral e como isso impacta na forma como esses adolescentes se desenvolvem. Esperamos ver funcionamentos cerebrais diferentes em diferentes usos de tecnologia.

Como sabemos, o avanço das tecnologias traz novas perspectivas, mas, do meu ponto de vista, o que é inexorável em nossa sociedade é a questão dos relacionamentos sociais. Alguém limitado nesse aspecto tende a sofrer assédio por parte dos colegas. Por apresentar pouca habilidade social, tem mais dificuldade de lidar com essas situações que vão se tornando crônicas, configurando o *bullying*.

Macedo – O indivíduo fica mais recluso, escolhe atividades menos estressantes socialmente.

Bressan – Tem queda de autoestima etc. Portanto, ele passa a ser mais vulnerável para enfrentar os desafios da escola e também para ter problemas ao longo do seu desenvolvimento.

Macedo – Eu entendo o *bullying* de modo menos problemático que muitas pessoas, que tomam 0,5% dos casos graves por 90%. Penso que o *bullying*, na maior parte das vezes, é brincadeira de mau gosto, um ato social e inadequado que expressa uma dificuldade em fazer certas coisas. É o caso do menino que peida, que arrota – ele está louco para chamar a atenção de alguma menina, mas não domina o repertório, então tem atitudes inadequadas. O mesmo acontece com o garoto que tem uma necessidade de se impor no grupo, de se fazer presente e, para isso, usa a zombaria, a ofensa e a violência como formas de expressão, porque ele não conhece outro jeito de se tornar importante como gostaria. E o adolescente quer ter a identidade do grupo. Portanto, em minha opinião, boa parte do que se considera *bullying* é, na verdade, brincadeira de mau gosto. Não é doença, não é caso de polícia ou algo mais grave; é uma brincadeira infeliz. É claro que há situações patológicas, mas muitas vezes o que antes era visto como natural, hoje é artificial, vamos dizer assim, no sentido de ser um fenômeno social ou temporalmente marcado. Por exemplo, se 50 anos atrás, alguém dissesse: "Preciso marcar na agenda para visitar meu pai", seria chamado de louco, pois, naquela época, as pessoas viviam em comunidade, muito próximas umas das outras. O que eu quero dizer com isso? Há uma mudança de formas de realização. Esse repertório que se tinha nas relações sociais se perde. De qualquer modo, brincadeira de mau gosto ou não, o *bullying* é uma prática que deve ser observada, combatida, discutida, pois ela pode definir destinos. É uma prática antissocial em que os dois lados perdem, quem o recebe e quem o expressa. A vítima pode se retrair, formar imagens difíceis de serem desfeitas, pode até mesmo abandonar os estudos ou escolher outra profissão. E o objeto do *bullying* é de todo tipo: corpo, roupa, comida... Envolve também a questão do grupo social, por exemplo, quando alguém na frente dos colegas zomba, esnoba uma outra pessoa, para se afirmar socialmente às custas dela. É um tipo de assédio.

Penso que devemos entender a maior parte dos casos de *bullying* nesse sentido de uma atitude inadequada, pois quem o pratica está, na verdade, pedindo ajuda. A vítima não é só quem sofre o *bullying*, mas também o agressor, que não tem recursos sociais, emocionais, ou o que seja, mais oportunos de aproximação. Ele apenas conhece formas inadequadas de se relacionar. Na internet também, ele só sabe se relacionar com os outros de um jeito bobo, que não faz bem para ninguém.

Bressan – Eu tenho uma visão complementar, mas um pouco diferente. Concordo totalmente com você, Lino, que atualmente o conceito de *bullying* está vulgarizado e desgastado por ser erroneamente aplicado a qualquer situação de conflito. Na verdade, o *bullying* não é um diagnóstico psiquiátrico, mas um sinal de que tanto a vítima como os principais perpetradores enfrentam dificuldades e devem ser acompanhados de perto.

Frequentemente, em minha prática clínica e acadêmica, eu me defronto com questões relacionadas a diagnósticos. É fundamental que as pessoas entendam o que é depressão, déficit de atenção e hiperatividade, transtorno obsessivo-compulsivo, psicose e vários outros transtornos. Precisamos trabalhar essa linguagem mais técnica com a população, porque, de modo geral, esses conceitos estão banalizados. Se uma pessoa está triste, chateada, as outras logo assumem que ela está deprimida. Quem é mais agitado, "deve ter déficit de atenção ou hiperatividade". Alguém que confere as coisas mais de uma vez "tem transtorno obsessivo-compulsivo". Isso é muito comum de ouvir. As pessoas aprendem que quem tem uma dor no peito "está infartando". É importante, claro, que elas saibam que, se alguém que pertence a uma população de risco estiver com uma dor no peito muito intensa, precisa ir ao hospital. Esses conceitos devem ser amplamente divulgados para que a população possa procurar ajuda precocemente, para prevenir o infarto em vez de tratar o quadro mais grave. O mesmo ocorre com os transtornos mentais: quanto mais precocemente se cuida, menor é a necessidade de uso de medicações e maior é a taxa de recuperação sem consequências para a vida da criança. No entanto, não se pode banalizar, porque a consequência disso é a diminuição da busca de ajuda precoce.

O *bullying* não é um diagnóstico psiquiátrico. Assim como os conceitos de depressão ou hiperatividade podem ser usados de um jeito inadequado e banalizado, o *bullying* também. Da mesma forma que normalmente se diz que alguém "está meio deprê", se uma pessoa brinca com outra, tira sarro dela, esta reclama que "está sofrendo *bullying*". Se uma criança não dorme bem por algum motivo em casa e fica desatento na aula, as pessoas dizem que ele "está com déficit de atenção". Mas o problema não é déficit de atenção, e sim a falta de sono, o que não é doença. O limite da doença é que seja crônica (longa duração) e provoque um prejuízo muito grande. No caso dessa criança desatenta, ela pode ter tanto sofrimento quanto prejuízo, mas o diagnóstico acurado seria o prejuízo de sono e o tratamento incluiria uma orientação para os pais e uma modificação no ambiente da casa a fim de garantir à criança o seu sono.

Complementando sua definição, Lino, existem brincadeiras de mau gosto, agressivas, mas que são naturais, e as crianças precisam lidar com isso para que aprendam a se sociabilizar. De modo geral, a origem do *bullying* é parecida com a da discriminação. Nós sempre separamos o diferente. Se o indivíduo não tem um braço, é considerado diferente. Se é baixinho, ou alto demais, ele é isolado porque nossa sociedade tem dificuldades de incluir o diferente. Todo aquele que é tomado como diferente – por ser mais tímido, ou por falar alto, ou qualquer coisa do gênero –, enfrenta um risco maior de ser excluído. E o que acontece? Dentro de um grupo de alunos, há um ataque social contra ele. Quando é uma brincadeira de mau gosto, os ataques duram menos e acontecem esporadicamente. O *bullying* começa para além disso. É quando a situação fica crônica e as consequências naquele indivíduo são prejuízos reais. Ele sofre uma brincadeira de mau gosto, volta triste para casa e diz: "Pai, os caras não gostam de mim". A vítima, então, vai ter que desenvolver a habilidade para falar ao agressor: "Pare de me encher". Ela vai ter que aprender a desenvolver uma agressividade saudável para dar limite às pessoas. Ou ela vai desenvolver um senso de humor que a permitirá ironizar o agressor e voltar a se integrar socialmente. Dessa forma, se as situações de assédio forem encaradas com bom humor, podem se tornar um aprendizado.

Como você colocou, Lino, e que faz todo o sentido, o principal agente do *bullying* é alguém que tem alguma dificuldade socioemocional e, às vezes, transtornos psiquiátricos. Ele tem um problema porque sua regulação emocional não é boa, há pesquisas que mostram isso claramente. Ele não consegue estabelecer empatia com o outro e desenvolve mecanismos para se sentir socialmente importante: "Sou o machão da turma, sou o que provoca aquela situação altamente disfuncional". O *bullying*, portanto, acontece quando o agressor esgota seus recursos de lidar socialmente com o outro. E quando alguém sofre o *bullying* cronicamente, tende ao isolamento.

Macedo – A pessoa tem sofrimento.

Bressan – E é um sofrimento sem escapatória. Então, é mais fácil de vir a desenvolver depressão, ou quadros ansiosos graves, porque ela está sempre com medo de apanhar e não desenvolver outras habilidades socioemocionais que estamos discutindo.

Macedo – É o caso da garota que fica anoréxica, por exemplo, porque é chamada de gordinha, e sofre toda sorte de gozações. Esse é um quadro bem grave.

Bressan – Na verdade, o *bullying* é a situação crônica que leva a uma exclusão em relação ao grupo. Alguém limitado nas suas habilidades sociais tem mais dificuldade de se esquivar das situações de assédio determinadas, frequentemente, por um grupo, e somente quando o problema se torna crônico é que se configura o *bullying*. Concordo também com você, Lino, em relação ao fato de que tanto a vítima como os principais perpetradores têm dificuldades e devem ser avaliados. No meu entender, o conceito de *bullying* é fundamental, pois está associado à piora do rendimento escolar e aumenta a chance de que o adolescente possa desenvolver um transtorno mental nessa fase ou no futuro. A identificação de situações que antecedem os transtornos mentais é fundamental para prevenção de problemas futuros. É preciso ter em mente que *bullying* não é diagnóstico médico.

Macedo – O importante é justamente entender a situação num contínuo, para não ficar no *é* ou *não é*, e perceber que, a partir de certo nível, existe um problema. E um problema que tem dois lados: o de quem pratica e o de quem sofre o *bullying*. Esses dois lados estão nos extremos do mesmo fenômeno. Como educadores, precisamos estar do lado de todo mundo, da educação, do melhor para todos.

Bressan – Esse é o raciocínio de prevenção do projeto Cuca Legal, que citei anteriormente. Quando a ideia de *bullying* passa a ser indevidamente incorporada, é ruim. Por exemplo: "Você é péssimo, está fazendo *bullying*". Ou: "Você, vítima de *bullying*, é um coitado".

Macedo – Quando criança, eu era beiçudo – depois, a boca vai diminuindo, conforme envelhecemos. Hoje, as mulheres até colocam enchimento para aumentar os lábios, mas, naquela época, ser beiçudo era considerado feio. E eu tinha um tio que tirava o maior sarro de mim. Ele falava que ia fazer feijoada com meu beiço – Lino Feijoada! Eu ficava incomodado, e ele achava graça. Quando alvo de gozações, algumas pessoas participam da brincadeira, mas eu ficava chateado.

Bressan – Você era obrigado a lidar com uma característica pessoal de que não gostava e com a discriminação que sofria por conta dela. Mas o que seu tio fazia não era *bullying*. Era um estímulo negativo que incomodava muito, mas que, por outro lado, permitiu que você desenvolvesse a habilidade de superação.

Macedo – Sem dúvida, o que meu tio fazia era uma brincadeira de bom gosto para ele e mau gosto para mim. Mas, até onde entendo, não me deixou marcas. Ficou apenas como uma lembrança de um tempo que já passou.

Bressan – Precisamos saber reconhecer quando uma brincadeira de mau gosto pode se agravar e virar *bullying*, para agirmos preventivamente, evitando que o perpetrador se torne um agressivo grave e que a vítima se isole. Provavelmente, o agente do *bullying* precisa de limites, de controle de agressividade. E com a prevenção precoce, podemos evitar que a vítima desenvolva algum tipo de transtorno. Essa percepção é fundamental, pois previne uma cadeia de eventos, alguns mais graves como a depressão. E é importante ter em mente que aspectos biológicos são muito importantes nessas situações. A codificação genética e as interações com o ambiente muito precoces (intrauterinas e nos primeiros dois anos de vida) são o que define o temperamento de uma pessoa. Portanto, se alguém é mais recluso, mais tímido, ambientes onde sofra exclusão reforçam esse perfil; já ambientes onde se sinta acolhido podem permitir o desenvolvimento de novas habilidades. E esse indivíduo que tende a ser mais tímido talvez tenha também uma predisposição à depressão. É uma presa fácil. Se for vítima de *bullying*, ele pode desenvolver depressão, ansiedade ou, mais raramente, uma psicose. Isso está bem estabelecido na literatura, mas um fato recente ajuda a ilustrar essa situação. Sabe-se que aquele garoto que, durante um episódio psicótico, matou alunos numa escola do Rio de Janeiro, havia sofrido *bullying* anos antes quando estudava ali. O *bullying* foi a principal causa que determinou a psicose? Certamente não, mas foi um agente que contribuiu para tanto (agente causal). Entendo que o rapaz já possuía uma predisposição genética para desenvolver a doença (psicose) e que, possivelmente, ela tenha se agravado pelo *bullying*.

Macedo – Piaget usa a palavra "tendência", que é exatamente o que você está dizendo, Rodrigo. Para ele, a tendência seria algo a que hoje pesquisadores chamam de temperamento. Se o indivíduo tem uma tendência X, o ambiente pode reforçar ou não favorecer que ela se manifeste. Por exemplo, existem pessoas com tendência à esquizofrenia. Se o indivíduo vive num ambiente de drogas, pode desenvolver a doença. Mas se ele não é exposto a esse estímulo, aquilo que é uma tendência acaba não se exteriorizando. O temperamento é a mesma coisa. Se o sujeito possui um temperamento agressivo, mas está num ambiente pacífico, essa tendência não tem oportunidade de aparecer. Agora, se o ambiente for agressivo, ela vem à tona. Pensando nos jogos eletrônicos, dos quais falamos antes, dependendo de seu formato, essas tendências ou temperamentos podem ser exacerbados ou não. Por isso, a questão da qualidade é importante. A meu ver, algo muito ligado ao *bullying* são as drogas – lícitas e ilícitas. Como a pessoa é introduzida a elas? Por uma brincadeira ou incentivo do tipo "dê um tapa aí, tome uma cerveja".

Bressan – *Peer pressure* – pressão dos pares. Se a pessoa consegue resistir e se sentir incluída, consegue lidar com aquilo. A sua experiência do beiço, Lino, certamente o ajudou a resistir a outras gozações que possa ter sofrido na adolescência, sem que você se sentisse excluído.

Macedo – Mas tem pessoas que, se passam a beber, por exemplo, para se sentirem aceitas, acabam se tornando alcoólatras. Já outras bebem socialmente e isso não as prejudica.

E há aquelas também que não gostam de beber e mudam de amigos. Portanto, os destinos podem ser diferentes. Tudo depende do *self-government*, do autogoverno, uma autogestão que é importante. A pessoa ou troca de amigos, ou aprende a lidar com eles de outro jeito. E se hoje a escola – que é para todos, que é obrigatória e necessária para todos, um direito de todos, enfim – não trabalhar essas questões e dar a elas o mesmo valor que os conteúdos disciplinares clássicos, os alunos não aguentam. Ou eles vão embora ou fica um inferno, como infelizmente temos visto acontecer.

Educação em saúde mental

Bressan – Lino, você já viu o índice de absenteísmo e licenças entre professores? As principais causas são a depressão e a síndrome de *burnout*, que é o esgotamento que surge quando a pessoa não consegue lidar com a tensão gerada no contexto de trabalho. O termo *burnout* foi cunhado em 1974 por **Herbert Freudenberger** e se refere a uma fadiga crônica devido à sobrecarga de trabalho, que se manifesta tanto do ponto de vista físico como emocional. Refere-se à uma perda da motivação e do sentido do trabalho e ocorre, de modo geral, na relação entre as características de personalidade e a estrutura organizacional. E é assustador o nível de abstenção no trabalho dos professores do ensino público.

Macedo – Haja medicamento para tanto estresse! Existem muitos casos de *burnout* também entre enfermeiros. Hospital é um contexto muito tenso, muito exigente para os técnicos de enfermagem. Se eles não tiverem um jeito de lidar com aquele ambiente, acabam adoecendo. O mesmo vale para o professor. Tem professor que enlouquece!

Bressan – E o *burnout* normalmente acomete pessoas que têm um grande envolvimento com o que fazem. Classicamente, o *burnout* ocorre em cinco fases: 1) entusiasmo; 2) estagnação;

3) frustração; 4) apatia; e somente depois desse processo é que pode se instalar o 5) *burnout*. Por isso, ele é comum entre enfermeiros, médicos e professores, ou seja, profissionais com vocação para cuidar dos outros. São pessoas que têm uma relação emocional profunda com o que fazem a ponto de a profissão ser uma parte importante da identidade delas.

O foco do tratamento do *burnout* é restabelecer uma relação mais saudável com o trabalho. Inicialmente, é fundamental ajudar a pessoa a voltar para seu eixo, recuperando o sono, estabelecendo uma alimentação saudável, utilizando técnicas de relaxamento e atividade física. É importante determinar pausas durante o horário de trabalho e preservar o tempo fora do expediente, estimulando atividades sociais e de lazer. O apoio da família, particularmente do cônjuge, também é bastante benéfico. Além disso, é preciso ajudar a pessoa a estabelecer estratégias efetivas para manejar as situações mais estressantes do trabalho. As medicações não são o eixo central do tratamento; quando necessário, elas são utilizadas pontualmente para controle de sono e ansiedade e se houver um quadro depressivo propriamente dito associado ao *burnout*. Em algumas situações, é necessário o afastamento do trabalho, mas somente nos casos extremos em que a pessoa demore muito a buscar ajuda e o quadro se agrave bastante. Em última análise, os profissionais precisam repensar a relação com o trabalho, o porquê do envolvimento excessivo.

Macedo – São profissões de cuidado, e cuidado também implica autocuidado, cuidado de si mesmo.

Bressan – Exatamente. E que podem exaurir o profissional se ele não tiver mecanismos para lidar com aquilo.

Macedo – Não se cuidando, médico e enfermeiro podem adoecer com o paciente. Eles podem morrer, mesmo que só profissionalmente, junto com o paciente. É por isso que, hoje, faz parte da formação do professor se qualificar para dar conta de uma tarefa cada vez mais complexa e difícil sem adoecer. Nenhum trabalho tem o direito de adoecer as pessoas. Antigamente, dizia-se que o "trabalho enobrece o homem"; agora, ele "enlouquece o homem"! Isso, não pode ser assim.

Bressan – Como psiquiatra, as pessoas tendem a me perguntar: "Você lida com situações bastante graves, como se sente no final do dia? Você leva esses problemas para casa?". Não é um talento inato. É preciso ter um nível de envolvimento nessa profissão, caso contrário o psiquiatra não consegue estabelecer empatia com o paciente que está cuidando. Mas, ao mesmo tempo, há um extenso treinamento para que se mantenha o distanciamento necessário para elaborar um raciocínio clínico preciso. Esse treinamento é muito importante na área da saúde e também fundamental para profissionais da educação, mas é frequentemente negligenciado. Da mesma forma que o médico, o professor tem que criar empatia com os alunos, se preocupar com eles, mas não sucumbir na relação com eles. Professor é professor, aluno é aluno, assim como médico é médico e paciente é paciente, por mais interação positiva que possa existir.

Macedo – Interação que é necessária, caso contrário a situação não é compartilhada. Esse juntar e separar, integrar e desmembrar, novamente está ligado à gestão de relações. O professor que não dá conta disso adoece. Ele enlouquece. Vai recorrer a remédios, drogas, bebida. Vai faltar ao trabalho, ter dificuldades para dormir...

Bressan – Ele leva os problemas para casa e fica frustrado. Por isso, é importante ter um mínimo de educação socioemocional. No momento que propomos qualquer coisa nova para o professor, ele pode pensar: "Mais um conteúdo que eu tenho que aprender? Mais um problema?". Mas quando oferecemos esse novo conteúdo, especialmente na forma de dinâmicas, o professor não se sente sobrecarregado, pois percebe que está adquirindo habilidades muito úteis para sua vida e para a sala de aula, tais como lidar com a raiva ou a tristeza que ele mesmo sente. Nossas pesquisas mostram que ele passa a ter mais empatia com os alunos e fica mais efetivo na tarefa educacional, se desgastando menos. Uma frase típica que ouvíamos ao final do trabalho é: "Eu voltava para casa rouco de tanto gritar em sala de aula, agora volto mais tranquilo e satisfeito, parei de faltar tanto". Além disso, capacitamos professores sobre temas de saúde mental e transtornos mentais. Tratamos de temas como *bullying* da mesma forma que conversamos aqui anteriormente. Tratamos de situações disfuncionais que vão virar transtornos, ou fases precoces de transtornos mentais de forma que ajude os educadores a entender melhor situações que encaram no seu dia a dia. Essa estratégia faz com que o professor seja um elemento fundamental no processo de prevenção de transtornos mentais. Por exemplo, a maior parte de nós tem um nível de ansiedade social, aquele "frio na barriga" antes de falar em público. No entanto, em alguns alunos essa ansiedade é muito intensa, e eles não conseguem fazer uma pergunta na aula, ou estar como os colegas, pois ficam o tempo todo preocupados com o que vão pensar a seu respeito. Ansiedades sociais, temos todos. Mas, nesses alunos, elas atingem um nível que determina queda na performance escolar. Do ponto de vista clínico, casos assim respondem muito bem a tratamento, mas algo precisa ser feito precocemente, antes que as consequências sejam graves e acarretem grande piora na qualidade de vida desses alunos.

Macedo – Julgo importante tudo isso que você faz e está dizendo, Rodrigo. É importante o professor saber construir e manter um ambiente de trabalho saudável para ele e seus alunos. Chegar no fim do dia exaurido, cansado, ou, dar uma aula com frequentes atritos com os alunos, em um clima de "guerra", é improdutivo para todos. A notícia boa, como você diz, é que se pode aprender a lidar com essas questões, é possível criar um ambiente de respeito, de trabalho e bem-estar para todos. Ensinar, aprender e conviver com regras na escola são projetos complexos e de longa duração. Mais que isso, eles são a base para aquilo que crianças e jovens irão se tornar como adultos – adultos cuja contribuição será tão preciosa. Daí que valorizar o aspecto socioemocional é tão importante quanto o cognitivo, isto é, se é fundamental o professor ter uma didática para dar suas aulas, ensinar e avaliar os conteúdos de sua disciplina, também é primordial que ele possa observar e intervir nas questões socioemocionais inerentes ao que ele e seus alunos fazem. Para Piaget, inteligência e afetividade são duas faces da mesma moeda e, ainda que, como pesquisador, ele tenha optado pelo aspecto do desenvolvimento da inteligência, sempre valorizou o peso dos esquemas afetivos como determinante de nossos comportamentos.

Bressan – O professor pode até dizer: "Eu não sei o que é isso, não sei o que é déficit de atenção, aprender sobre essas coisas vai me sobrecarregar". Mas a experiência do projeto Cuca Legal nos mostra o contrário: o professor tem se interessado cada vez mais pelo tema da saúde mental. O que é muito importante, pois ele possui um olhar privilegiado sobre os alunos. Ninguém entende mais de crianças de sete anos do que o professor que sempre deu aula para alunos dessa idade. E ele tem a possibilidade de ver as crianças da perspectiva normativa. Ele sabe, muitas vezes, antes até mesmo dos pais, o que uma criança daquela idade pode fazer e em que aspectos ela pode ficar mal. Por exemplo, os pais podem achar normal se o filho for um pouco "torto", mas o professor vê que existe um problema ali, que a criança pode ter uma dificuldade específica. Ele conhece todo mundo que está na classe. Mas, de modo geral, os professores não têm nenhuma informação sobre saúde mental.

Macedo – O curioso é que o próprio termo "saúde mental" é malvisto, ou seja, é visto como algo perigoso, a ser evitado; é quase como se fosse um xingamento. Penso que, para que saúde e educação possam de fato se darem as mãos em favor do que é melhor para alunos, professores e gestores, um dos trabalhos é o de tirar essa imagem negativa da saúde mental, dos medicamentos e dos recursos que utiliza. Quanto à saúde física, parece que não há problemas. Adultos e crianças "podem" ficar doentes, fazerem exames e tomar os medicamentos ou tratamentos indicados. Mas, se é doença mental a percepção se torna outra! É curioso porque é como se físico e mental não fossem partes de um mesmo todo, que é o organismo.

Bressan – Exatamente. Fizemos uma pesquisa sobre esse tema e vimos que poucos são os professores que sabem o que é saúde mental e lidam de uma forma tranquila com o assunto.

O sistema educacional não dá nenhuma informação para eles, muito menos capacitação, o que é bastante grave. O tema é bastante mistificado e assusta muito as pessoas mas, no fim, trata da saúde socioemocional de todos nós, da forma como reagimos aos problemas que podem desbalancear o nosso bem-estar (habilidades socioemocionais), além de também abranger os transtornos mentais propriamente ditos. Todos conhecemos intuitivamente esse assunto, mas temos dificuldade de entendê-lo com naturalidade e falar sobre ele.

Por exemplo, qualquer professor já ouviu falar em transtorno de déficit de atenção e hiperatividade. Mas quanto ele teve a oportunidade de se aprofundar no assunto? A formação atual não inclui esse tema e, muito frequentemente, o professor tem uma visão estereotipada sobre o problema. Fizemos um estudo para mapear a rede de sentidos relativos ao tema "saúde mental" entre os professores da escola pública. De onde vem as informações que ele recebe? Da televisão, das revistas de temas gerais... vem tudo por meio das mídias – algumas melhores, outras piores. Praticamente nenhuma informação vem da própria escola ou da formação dos professores. Observamos que a construção do conhecimento fica toda fragmentada, o que gera confusão na cabeça dos professores e mais estigma. Por esse motivo, é comum a crença de que está ocorrendo um processo de medicalização da educação. Ninguém mais pode sofrer ou ter dificuldades de aprendizado, "tudo agora é problema mental".

Frequentemente vemos educadores dizerem frases como: "As crianças estão tomando remédios indiscriminadamente que podem levar à dependência e prejudicá-las". Realizamos pesquisas para verificar se isso é verdade, se de fato estamos diante de um processo de medicalização. E, veja que interessante, Lino, quando perguntamos para o professor quantos alunos ele acha que têm transtorno do déficit de atenção e hiperatividade (TDAH), em média quatro são apontados em cada sala de aula de 28 alunos. Os professores intuitivamente lembram dos alunos que dão mais trabalho, os agitados, que têm dificuldade de concentração e de seguir as determinações dos professores. No momento que avaliamos esses alunos, observamos que em cada sala de aula, em média dois deles apresentavam problemas de concentração em diversas situações da vida (escola, família, grupo de amigos), eram inquietos e hiperativos também em casa, e que essas dificuldades prejudicavam tanto o rendimento escolar como a relação com os familiares e amigos. Essas crianças realmente tinham o transtorno e os professores o identificaram corretamente. No entanto, dois dos alunos considerados pelo professor como portadores de TDAH não tinham de fato o problema. Percebemos que esses alunos estavam agitados em virtude de um problema pessoal, geralmente relacionado à dinâmica familiar (crises conjugais e etc.) ou a uma dificuldade de aprendizagem específica.

Os dados nos surpreenderam positivamente, pois percebemos que o professor consegue identificar os alunos que têm TDAH. Isso é muito bom, mas vimos que ele fica impotente em relação a esses alunos, não sabe como lidar com os problemas de comportamento e o que fazer com eles. Que tipo de encaminhamento ele dava para os quatro? Nenhum. Na maioria das vezes, o professor tentava ser compreensivo mas, como não adiantava muito, ele acabava discutindo, ficava bravo, mandava os alunos para a sala do diretor. O que o professor precisaria fazer? Saber, ou pelo menos intuir, que esses alunos podem necessitar de auxílio médico, e ouvir a opinião de outros professores e orientadores. Com frequência, o grupo de professores consegue identificar os alunos que apresentam problemas específicos de aprendizagem e, eventualmente, os que enfrentam problemas familiares. Esses alunos precisam ser cuidados no contexto da escola, tanto nas questões acadêmicas como nas familiares. Na dúvida, é necessário que a escola encaminhe tais alunos para uma avaliação diagnóstica. É fundamental identificar as crianças com TDAH e tratá-las efetivamente, para que não haja um prejuízo do rendimento escolar desses alunos que são, de modo geral, meninas e meninos inteligentes. Isso evita problemas mais graves, tais como expulsão ou abandono do sistema educacional. Pois esses garotos sofrem frustrações recorrentes que levam a uma baixa autoestima, deixando-os mais vulneráveis à dependência de drogas. Eles sofrem bastante pois, de maneira geral, o sistema educacional é pouco tolerante com o diferente e não perdoa quem não é assíduo, quem não se comporta e quem não aprende.

Macedo – E quem não se enquadra no sistema.

Bressan – E essas crianças vão encontrar dificuldades se não aprenderem o que é exigido pela escola. Por isso, o professor precisa saber identificar também quando a criança tem, na verdade, uma dificuldade de aprendizagem, que é um problema bem da área dele; ou quando o aluno está com problemas familiares, para que seja levado ao orientador. Às vezes, são problemas muito difíceis, mas é dado algum tipo de encaminhamento, o que minimiza as dificuldades do professor, inclusive. Informação de qualidade para o professor diminui a medicalização.

Existe hoje uma distorção muito comum na classe média de que toda criança que vai mal na escola e consulta o médico toma Ritalina.* Ao contrário do que as pessoas pensam e é divulgado na mídia, há bem mais pessoas precisando de ajuda que não são tratadas do que um excesso de tratamento para quem não precisa. Uso aqui o exemplo do TDAH, mas vale para outros problemas também. A população, de modo geral, não tem acesso a diagnóstico e a tratamento. Medidas implementadas no serviço público do estado de São Paulo, por exemplo, que vêm a dificultar

---

* Nome comercial do metilfenidato, estimulante do grupo dos anfetamínicos. (N.E.)

e a burocratizar o diagnóstico e a prescrição de medicação para TDAH, não me parecem bem-vindas. Nós precisamos conscientizar a população da necessidade de identificação precoce e treinar mais profissionais para o tratamento efetivo daqueles que realmente precisam. Ninguém acredita que as crianças ficam deprimidas. Mas elas ficam e sofrem, porque, como em qualquer outra doença tais como diabetes e infarto, têm uma predisposição genética combinada ao estresse ambiental. Pesquisas bem-feitas, não enviesadas, realizadas no mundo todo, inclusive no Brasil, mostram estatísticas que chamam atenção: entre 13% e 20% das crianças apresentam um quadro de transtornos mentais. Recentemente, um levantamento realizado pelo Instituto Nacional de Psiquiatria do Desenvolvimento, com estudantes de escolas públicas em todo o Brasil, chega a taxas de 13%. Caso essas crianças não sejam cuidadas nessa fase, os problemas tendem a se agravar e prejudicar muito o desenvolvimento delas. Apesar do sofrimento, muitas dessas crianças melhoram espontaneamente, mas têm um risco aumentado de apresentar transtornos psiquiátricos na vida adulta.

Macedo – Tenho lido sobre estresse tóxico, efeito das adversidades ou maus-tratos sobre o desenvolvimento das crianças, sobretudo, quando pequenas. Por exemplo, um pai que ora chega em casa com um pão debaixo do braço e um litro de leite, todo feliz, ora aparece bêbado e agressivo. O efeito dessa ambivalência (de que forma o pai chegará) e irregularidade (cada dia pode chegar de um jeito) pode ser grande na criança. Pois, ela convive numa casa, num ambiente que é imprevisível, violento. Temos de reconhecer e assumir que os adultos, às vezes, recorrem ao álcool e às drogas para lidar com seus problemas. Adultos não são só protetores, cuidadores, responsáveis e maravilhosos com os filhos – como se desejaria. Eles também podem ser fonte de sofrimento para as crianças, mesmo que não queiram fazer isso.

Bressan – Não, pelo contrário. Eles se sentem culpados no dia seguinte.

Macedo – Depois que o efeito do álcool passa, aquele pai se sente mal, imprestável. Mas, para a criança que sofre a violência, que não se sente segura, não tem uma figura de apoio, é preocupante. E ela fica doente. Há também, muitas vezes, o problema da ausência do modelo masculino em casa. É a mãe, que trabalha fora e tem filhos para cuidar, quem faz esse duplo papel (de mãe e de pai). E muitas vezes o faz, igualmente, de forma cansada, violenta e não favorável à saúde e ao bem-estar de todos.

Bressan – Exatamente. E isso é interessante porque professores e orientadores, em sua maioria, dizem se sentir impotentes para lidar com indivíduos que têm problemas familiares mais graves, como esse que você está descrevendo, Lino. Alguns problemas podem ser mais simples, como um pai que perdeu o emprego, por exemplo, mas outros são relativamente graves.

Macedo – A separação dos pais pode ser uma situação tranquila ou virar um grande problema. A criança pode sentir medo por não saber onde vai morar.

Bressan – A maior parte dos problemas é de menor gravidade. E o que cabe à escola? Fazer terapia familiar? Não.

Macedo – Não, a escola não tem condições para isso, nem precisa ter.

Bressan – O que cabe à escola é ajudar a criança a entender os problemas e a lidar com eles. A escola tem que compreender o problema para acolher o aluno e ajudá-lo a lidar com aquela situação. Ela vai resolver o problema? Não. O papel da escola não é fazer diagnóstico, nem tratar o aluno, mas sim reconhecer e entender o problema, primeiramente, para dar o encaminhamento adequado. O papel do professor não é ser onipotente e resolver o problema da criança; é entender o que ele pode fazer na sala de aula para ajudar aquele aluno. O professor não pode sucumbir com a criança que está doente ou passando por algum conflito familiar. Ele precisa manter um distanciamento da situação e saber qual o seu papel para ajudar.

Macedo – O professor precisa ser um bom gestor para não sucumbir.

Informar para prevenir

Macedo – Se fizermos as contas, os problemas podem ser muitos, mas se reduzem a poucos tipos ou categorias, na verdade. Casos típicos, como a raiva, englobam quatro ou cinco situações. Podemos, então, trabalhar situações-problema que representem a maior parte dos casos, para aprender a lidar com elas e, inclusive, usá-las como paradigma. Porque os casos excepcionais são realmente excepcionais, como o daquele atirador no Rio de Janeiro. Ou um menino que rouba a escola; é minoria. Por isso, é importante saber diferenciar, para não colocar tudo no mesmo caldo, caso contrário fica difícil lidar com a situação.

Bressan – Exatamente. E o conhecimento leva à diminuição de estigmas, que é um dos objetivos deste livro.

Macedo – Compreender é perdoar, é ver a situação de outro nível, atribuir sentido. A saúde mental é um caso importante na escola, e é interessante como os próprios professores não percebem que o sofrimento deles está ligado a essa questão.

Bressan – E um dos preconceitos, dos estigmas relativos à saúde mental é que ela é vista como doença grave.

Macedo – Sim, como palavra maldita, associada a remédios.

Bressan – Transtorno mental normalmente é visto como algo grave, sem tratamento. Quer dizer, imagina-se que os tratamentos não funcionem e que o uso de medicamentos seja sempre necessário. O que precisamos ensinar e mostrar – e que é uma verdade científica – é que os transtornos mentais são comuns, tratáveis e que apenas uma pequena minoria representa casos mais difíceis. Tratável significa que, quanto mais cedo o problema for diagnosticado, menor a probabilidade de uso de medicação. Intervenções simples, na própria escola, terapia ou aconselhamento ajudam muito os alunos. Um bom orientador dá conta de 80% dos problemas. Portanto, são poucos os transtornos que ficam mais graves e crônicos.

Macedo – E aí tem-se, inclusive, espaço e tempo para cuidar deles de uma forma responsável, cuidadosa.

Bressan – Exatamente. Precisamos desassociar a saúde mental do estigma da doença mental grave, da morte, do suicídio, da loucura. Qual a definição de louco? É muito engraçado isso. Louco é uma palavra do senso comum, todo mundo tem mais ou menos em mente a ideia de uma pessoa que está desatinada, que ouve vozes, vê coisas e tem comportamentos estranhos, que faz gestos ou fica com medo porque entrou alguém no ônibus, por exemplo. A definição de senso comum é: rasgou dinheiro, tirou as calças e pisou em cima, é louco.

Eu trabalho com pacientes esquizofrênicos e costumo falar para eles: "Se de vez em quando você ouve vozes, sua vida é normal. Você tem uma doença, não é louco". Louco é aquele chefe que grita com a secretária. E nós usamos a mesma palavra: "Você está *louco*? Vai falar assim com a mulher, só porque é chefe dela?". A loucura assusta porque corresponde ao desatino. Mas embora possa determinar loucuras, a esquizofrenia não é loucura. Eu atendo em meu consultório profissionais como médicos e advogados que têm diagnóstico de esquizofrenia. O que eles têm de louco? Ah, no momento da crise aguda, podem fazer coisas diferentes, mas 99,9% deles são menos agressivos que a população de modo geral. Só que um único caso faz com que todo mundo acredite que o esquizofrênico é louco, capaz até de matar alguém.

Macedo – Tenho um familiar dois anos mais novo que eu, que estudou medicina, que é esquizofrênico. Ele é também músico instrumentista, um cara muito inteligente e criativo, enfim. Mas quero relatar uma situação em que um sintoma importante de sua doença – o aspecto persecutório – perturbou outra questão de sua saúde. Só para você ter uma ideia, Rodrigo, ele estava ficando cego por causa de algo operável, simples, que é a catarata, mas tinha medo da cirurgia, ou melhor, da anestesia. Como ele é médico, a situação se complicava, pois usava seu conhecimento de uma maneira torta, pensava que pudesse morrer durante o tempo em que estivesse anestesiado. Felizmente, o problema da catarata ficou tão grave que ele aceitou operar, inclusive porque encontrou um médico experiente e confiável, e o problema se resolveu.

Bressan – Isso para mim é prova da loucura – a doença virando loucura. São pensamentos cristalizados que usam elementos médicos para distorcer os fatos – porque não há nada mais seguro hoje do que a anestesia – e impedem que a pessoa viva de um jeito saudável. É assustador. E é interessante que isso acontece também com indivíduos sem qualquer distúrbio mental. Várias pessoas deixam de procurar tratamento por causa do preconceito e do desconhecimento. Mas no caso do seu familiar, Lino, é a doença que está condicionando o comportamento dele.

Macedo – Um problema muito importante na escola, que está relacionado com tudo isso que estamos falando, é o pânico. Porque o professor é "panicado". É preciso ter recursos para lidar com essas situações, como o pânico do medo do escuro, por exemplo, as fantasias persecutórias...

Bressan – É importante discriminar, porque é exatamente isso que o esquizofrênico tem. Tecnicamente, o pânico é um quadro de ansiedade repentina. A pessoa acha que vai ficar louca, ou que está morrendo, tendo um infarto – isso é transtorno de pânico. Se o problema for crônico, isto é, se acontecer de vez em quando, torna-se muito traumatizante. Ela passa a não querer mais sair de casa, andar de carro, trabalhar...

Macedo – Na escola tem bastante isso, você sabe. O medo de falar em público, por exemplo, fazer uma prova...

Bressan – Isso é transtorno de ansiedade social, fobia social. São quadros de ansiedade. Todo mundo tem medo de fazer prova, se assusta na hora de dar uma resposta, se sente pressionado. Algumas pessoas têm um quadro muito grave. Fui conversar com orientadores e com diretores de escola sobre o Cuca Legal, no começo do projeto, e todos disseram: "Ah, que interessante, que legal termos isso aqui". Um desses orientadores me falou: "Tem aluno que é completamente degenerado. Garoto bom e estudioso até a 7ª série, meio tímido, inclusive. Depois que passou para a 8ª série, só entra nas aulas de porre. Não falta a uma aula, mas chega cheirando a cachaça". Não sei o que esse aluno tem. Mas como clínico, como médico, o mais provável é que ele tenha um quadro de fobia social, que ele queira ser um bom aluno, que queira aprender, mas só consegue assistir a aula se beber, pois isso diminui a ansiedade.

Macedo – Ele usa a bebida como um remédio, um sedativo.

Bressan – E isso faz com que esse aluno seja estigmatizado como alcóolatra e acabe se tornando um, sendo que o que ele deve ter, na verdade, é uma doença muito fácil de ser tratada precocemente. Vemos, portanto, que as distorções ocorrem linearmente ao longo do desenvolvimento da pessoa.

Macedo – Na escola, há muitas situações de pânico, que acometem tanto os professores quanto os alunos. Sobretudo em situações competitivas, em que é necessário se expressar, enfrentar desafios.

Bressan – É muito difícil. O aluno se preocupa: "Será que vou bem na prova?" – isso é o que chamamos de ansiedade de performance.

Macedo – Isso acontece muito na escola.

Bressan – E assim como a ansiedade de performance, a ansiedade de separação, quando os pais se divorciam, também é bastante comum. E são problemas tratáveis, sem a necessidade de remédio; só com algumas orientações, as crianças reagem bem. Mas podem virar doença se a criança não conseguir superar aquilo, se o ambiente não contribuir para isso. Então, saber discriminar os sintomas ajuda muito no manejo do problema.

Macedo – Achei interessante você mencionar a ansiedade de performance, pois, na escola e na vida, é algo que afeta todos nós. É o caso do vestibular da USP, por exemplo. Uma pesquisa mostrou, certa vez, que muitas pessoas não se inscrevem para o vestibular dessa universidade porque elas se reprovam antes mesmo de fazer a prova. Pensam: "É muita areia para o meu caminhão".

Bressan – É o que chamamos de autoestigma. Nos casos de esquizofrenia, também vemos isso. Por exemplo, o filho bate no pai que lhe dá comida porque acha que está sendo envenenado por ele. Depois, vem a culpa: "Meu pai é o cara que cuida de mim. Como pude fazer isso com ele, Rodrigo?". Ao que respondo: "Você fez isso porque estava doente. Você não está mais doente". Mas ele se sente louco, porque fez uma loucura. Ele não bate em ninguém quando bem-tratado, mas mesmo assim se vê como louco. Isso é complexo.

Você estava falando, Lino, sobre o comportamento persecutório, e ele também acontece na escola. O aluno pode pensar: "Esse professor está contra mim"; já o professor acredita: "Os alunos estão contra mim". Esses são sintomas bem típicos da esquizofrenia, mas a maior parte das pessoas não está psicótica. Imaginar-se, por exemplo, no lugar daquele que sofre *bullying* é meio paranoide.

Macedo – A criança pode pensar do colega: "Ele vai me ofender, vai me bater... vai me matar. Ele vai comer o meu sanduíche, vai tirar sarro da minha roupa, do meu corpo...".

Bressan – Ela vai processando as coisas de um jeito paranoide. Às vezes, o aluno se sente perseguido – não estamos na doença – por um professor, fica com raiva, que é um sentimento normal, que todos nós temos, mas não consegue diluir a paranoia, o que também dificulta a performance a longo prazo.

Macedo – Ouvindo você, Rodrigo, penso no quão importante é abrirmos mão da polaridade – certo ou errado, louco ou são, normal ou doente – em favor de uma visão de contínuo em que em certas situações estamos ou agimos mais de um jeito do que do outro, ou seja, de que não se trata de um ter ou não ter, mas saber observar, regular, buscar ou sair de certa direção, contexto ou situação que naquele momento não nos faz bem. Nem faz bem aos outros.

Bressan – Tudo isso está dentro da normalidade. Ansiedade não é doença. "Ah, estou estressado..." – sentir estresse é normal. A maior parte das pessoas está no que chamamos de normalidade, o que inclui o estresse. Sem ele, o ser humano não cresce. Se a pessoa não tiver fome, não vai buscar comida; se ela não tiver pressão, não vai saber lidar com os desafios da vida. Tem uma situação chamada, em inglês, de *distress*, que traduzimos como "tensão mental com sofrimento". Por exemplo, o indivíduo está passando por um conflito no trabalho e não consegue dormir – a insônia já é um sintoma, mas não é doença. Ou ele está mais irritado, briga com a esposa, perde a paciência com os filhos, arranja confusão no trânsito – é uma situação de *distress*. Mas a característica do *distress*, da tensão mental, é que ela é elástica e proporcional ao estímulo. Na ausência do estímulo, o indivíduo melhora. Ou, mesmo com o estímulo, ele se adapta. O que acontece com os transtornos mentais? Os sintomas, que vão além da tristeza e incluem a depressão, se repetem na cabeça com muita frequência e intensidade, atrapalhando em grande grau o desenvolvimento ou a performance do indivíduo no dia a dia. E esses sintomas persistem independentemente do estímulo. Uma garota que sempre foi boa aluna, mas não consegue fazer uma prova na escola porque se separou do namorado e continua triste seis, oito meses depois, será que está deprimida ou não? Não dá para saber, é necessário avaliar, mas pode ser o início de um transtorno mental. Claro que daí a cometer suicídio ou matar alguém, que são os estereótipos, está muito longe. Não tem nada tão próximo assim.

Quando entendemos a saúde mental de um modo mais linear, num contínuo com a normalidade, isso facilita a diminuir o estigma. E educar para a prevenção ajuda a reduzir o número de casos graves.

Macedo – E diminui mesmo.

Bressan – A prevenção costuma ser pensada somente para os casos de doença do coração, e não da saúde mental. Trabalhar com estágios precoces, isto é, antes que o problema vire doença, é uma tendência mundial. No Cuca Legal, temos um programa que é o único da América Latina para fases precoces, já capacitamos cerca de 400 professores.

Macedo – E a prevenção é importante, inclusive, para que as pessoas aprendam a escolher ambientes e tarefas que sejam positivos para elas. Isso é fazer uma boa gestão da vida, do bem-estar.

Bressan – "Não vou ficar com este grupo aqui, porque que ele me exclui. Vou achar um grupo novo."

Macedo – Sim. E se fortalecer para isso é fundamental. Porque para mim, Rodrigo, o mental é um outro nome para o pessoal. O mental tem a ver comigo. Tem a ver com meu corpo, com meu funcionamento da cabeça, com o modo como lido com as coisas... O mental sou eu. Só que a maioria das pessoas relaciona o mental à doença. Se falamos "pessoal", essa palavra não causa repulsa, mas "mental" gera medo, preconceito, estigma.

Bressan – E lidar de uma forma mais natural com nossas dificuldades é melhor. Por exemplo, um corrimento vaginal que não é tratado faz com que a mulher tenha uma predisposição maior a desenvolver o câncer de colo de útero. É preciso, portanto, diminuir o estigma em relação à questão íntima e sexual e procurar ajuda para prevenir o câncer. E usando essa metáfora de sexualidade, eu vejo a problemática da saúde mental de uma forma parecida com o modo como antes se pensava a educação sexual. Alguns colégios incorporaram a educação sexual em seus currículos há muitos anos, para romper estigmas em relação ao sexo. O aluno entende o que é um pênis, uma vagina, como nos reproduzimos; que masturbação é parte da normalidade, mas que em excesso pode ser um problema. Assim, a escola ajuda a prevenir doenças sexualmente transmissíveis, HIV e vários problemas de sexualidade associados a comportamento.

Macedo – Gravidez indesejada...

Bressan – A gravidez indesejada é um dos problemas mais graves para a sociedade. Tem uma repercussão social enorme.

Macedo – Porque ela sela o destino tanto do pai quanto da mãe. Sobretudo da mãe, mas do pai também. E, obviamente, da criança produto dessa relação.

Bressan – E você sabe, Lino, que as pesquisas mostram o quanto o estigma atrapalha a prevenção e o tratamento. Isso, inclusive, provoca perda econômica. É uma questão educacional que repercute na sociedade.

Macedo – Como se em algum momento de nossa vida, não fôssemos todos ficar doentes. Como se não fôssemos ficar tristes, não fôssemos ter isto ou aquilo que todos, no fim, temos.

Glossário

Brousseau, Guy (1933): Matemático e pedagogo francês, nascido em Marrocos, é conhecido como o pai da didática da matemática. Aplicou os estudos de Piaget especificamente ao ensino de matemática, formulando a "teoria das situações didáticas", segundo a qual os problemas pedagógicos precisam envolver pessoalmente os alunos – e se relacionar com situações já vivenciadas por eles – para que o conhecimento matemático seja efetivamente internalizado.

Fleitlich-Bilyk, Bacy: Psiquiatra paulistana, é pesquisadora do Instituto Nacional de Psiquiatria do Desenvolvimento (INPD) e do Instituto de Psiquiatria (LIM23) do Hospital das Clínicas da Faculdade de Medicina da USP (HC-FMUSP). Possui doutorado em Psiquiatria Infantil pela Universidade de Londres e desenvolve estudos sobre transtornos psiquiátricos na infância e na adolescência.

Freudenberger, Herbert (1926-1999): Psicólogo alemão, radicado nos Estados Unidos, ficou conhecido pela descrição da síndrome de *burnout*, doença psiquiátrica de sintomas depressivos ligada ao estresse profissional.

Levitin, Daniel Joseph (1957): Neurocientista norte-americano, é professor de Psicologia e Neurociência Comportamental da Universidade McGill, no Canadá, e tornou-se famoso por seus livros *best-seller* sobre as relações entre as cognições cerebrais e a música.

Machado de Assis, Joaquim Maria (1839-1908): Carioca de origem humilde, é considerado um dos maiores escritores da língua portuguesa. Suas obras vão de poesias a crônicas, passando por todos os gêneros literários. Fundador da Academia Brasileira de Letras, foi por mais de dez anos seu presidente. Entre seus principais livros estão *Memórias póstumas de Brás Cubas* (1881) e *Dom Casmurro* (1900).

Piaget, Jean (1896-1980): Psicólogo e pedagogo suíço, responsável pela mais abrangente teoria sobre o desenvolvimento cognitivo, foi professor de Psicologia na Universidade de Genebra de 1929 a 1954, e tem uma centena de livros publicados. As ideias de Piaget e o ensino baseado em suas descobertas influenciam os educadores e o planejamento do currículo escolar até hoje.

Pinker, Steven (1954): Psicólogo e linguista canadense, é professor de Psicologia da Universidade de Harvard, EUA, e autor de vários livros sobre linguagem e cognição, voltados à divulgação científica para o público geral. Foi por duas vezes indicado ao prêmio Pulitzer, pelos livros *Como a mente funciona* e *Tabula rasa*.

Serres, Michel (1930): Filósofo francês, é professor da Universidade de Stanford, EUA, e membro da Academia Francesa. Seus ensaios filosóficos são marcados pela aproximação entre ciências humanas e ciências exatas. Publicou vários livros, tais como *Hominescências, Os cinco sentidos* e *Variações sobre o corpo*.

Especificações técnicas

Fonte: Adobe Garamond Pro 12,5 p
Entrelinha: 18,3 p
Papel (miolo): Off-white 80 g
Papel (capa): Cartão 250 g